Wilhelm Bölsche
Drachen – Der Ursprung der Fabelwesen

SEVERUS Verlag

Bölsche, Wilhelm: Drachen – Der Ursprung der Fabelwesen. Eine wissenschaftliche Abhandlung in Sagen und Kunst. 2019
Neuauflage der Ausgabe von 1929
ISBN: 978-3-96345-168-3

Korrektorat: Chiara Mohme
Satz: Jana Rosebrock

Umschlaggestaltung: Annelie Lamers, SEVERUS Verlag
Umschlagmotiv: www.pixabay.com

Bibliografische Information der Deutschen Nationalbibliothek: Die Deutsche Nationalbibliothek verzeichnet diese Publikation in der Deutschen Nationalbibliografie; detaillierte bibliografische Daten sind im Internet über https://dnb.de abrufbar.

Der SEVERUS Verlag ist ein Imprint der Bedey & Thoms Media GmbH, Hermannstal 119k, 22119 Hamburg

SEVERUS Verlag, 2019
http://www.severus-verlag.de
Gedruckt in Deutschland

Wilhelm Bölsche

Drachen – Der Ursprung der Fabelwesen

Eine wissenschaftliche Abhandlung
in Sagen und Kunst

Editorische Notiz:
Der Text der vorliegenden Edition beruht auf der Ausgabe:
Bölsche, Wilhelm: Drachen. Sage und Naturwissenschaft, Franck'sche
Verlagshandlung, Stuttgart, 1929, Stuttgart. Die Orthographie wurde
behutsam modernisiert, grammatikalische Eigenheiten bleiben ge-
wahrt. Die Interpunktion folgt der Druckvorlage. Der Inhalt ist im historischen Kontext zu lesen.

Ich war unlängst einmal wieder in einem halbwissenschaftlichen amerikanischen Film, obwohl ich eigentlich nicht besonders gern so etwas besuche. Denn ich ärgere mich durchweg nur über das Missverhältnis zwischen den guten, neuen Mitteln, die hier für wirkliche Volksbildung gegeben wären und dem tatsächlichen Nichttalent der Leute, etwas damit zu leisten.

Immerhin ging's diesmal noch glimpflich. Man sah, mit der unvermeidlichen amerikanischen Kitsch-Beigabe, eine Expedition, die auf bisher unerstiegenem, tropischen Steilhochland noch lebende Saurier der Kreidezeit entdeckte – an·sich nett erfunden und in den Tieren selbst, das musste man zugeben, mit der lebendigsten Technik herausgebracht. Aufnahmen wie aus unserem Zoo, sagte ein geistvoller Tiergartenleiter zu mir – und doch eben Sauriervolk jener unendlich verschollenen, vormenschlichen Welt. Man sah die alten Hornsaurier (Ceratopsiden) – von der Natur in einer ihrer verwegensten Launen einst zusammengestückelt aus Stier, Nashorn, Schildkröte, Papagei und Krokodil gleich dem tollsten indischen Götzenbild – wie sie mit ihren Jungen als entsprechenden Kleingötzchen vor einem Waldbrande flüchteten. Die wilden Raubsaurier äugten als haushohe fleischfressende Kängurus des Reptilstamms über den Busch. Und selbst der leibhaftige Riesenflugsaurier schwebte im Gleitfluge auf der Siebenmeterspannweite seiner Häute, wenn es ihm auch da oben wohl etwas an der nötigen Fischkost gefehlt haben würde. Man staunte doch, was mit den Tricks einer an sich bewundernswerten Kunst heute schon alles möglich war. Zugleich aber gingen meine Gedanken nach zwei Richtungen.

Einmal zu der Forschung, die uns dieses uralte versteinte Abenteuer doch heute wieder so weit ausgegraben hatte, dass es wenigstens in der Idee erneut vor uns herumlaufen durfte.

Und zu dem leisen Bedauern und Traum, dass nicht doch auch das andere wahr sein sollte: der kolossale Brontosaurus etwa aus seinen Sümpfen auf der Grenze von Jura und Kreide sich wirklich noch begegnend mit – dem Menschen.

Es gehörte zu den humoristischen Schlagern des Filmmärchens, dass sie dort einen solchen lebenden Brontosaurier ernstlich in den Zoo überführen wollten und dabei die ungeheure Hängebrücke der menschlichen Weltstadt unter seinem Gewicht zusammenbrach. Warum hatte die Natur nicht ebenfalls den Witz gefunden, diese ihre beiden Rekorde, den größten wandelnden Fleischberg und das höchste Geisteswesen, unter gleicher Sonne voreinander zu stellen …?

Unser Wissen von dieser verlorenen Welt ist ja heute wirklich bereits merkwürdig scharf in sich abgerundet. Wenige Ereignisse nur des ferneren Kosmos haben wir tatsächlich so glänzend mit dem Verstande wiederhergestellt, wobei entgegenkam, dass es sich offenbar in der Sache selber um eine der geschlossensten Episoden der ganzen irdischen Entwicklung handelte.

Diese Saurierschöpfung tauchte mit einer heroischen Stufe dieser Entwicklung auf, gewann bereits einmal eine Art Erdherrschaft, wie später nur der Mensch selbst, erlebte gleich dem Helden eines richtigen Dramas ihre »Hybris«, wie die griechischen Tragiker das nannten, den Übermut des Verrückten über jedes Maß hinaus und versank, wenigstens nach der gangbaren Meinung zu ihrer Schicksalsstunde, ebenso wieder in dem Rest, der Schweigen ist. Wenn man in der Vergeistigung des Menschen wirklich die entscheidende Linie des irdischen Weltvorgangs sucht, so war es im Ganzen eine Nebenschöpfung, ein Versuch der seitwärts sich entladenden Kraft, der doch nicht mehr an das Entscheidende rührte, trotz all seiner Mittel. Aber dem Beobachter, der nicht Ziele denkt, sondern sich bloß der Gewalt des rein Gestalteten in der Natur hinzugeben strebt, von unbezwingbarem Reiz. Seit der erste Knochen eines solchen »Sauriers« deutbar geworden, haben immer wieder ganze Generationen ausgezeichneter Köpfe ihr Leben in den Dienst dieses gewaltigen Stoffs und seiner Magie gestellt, ähnlich wie es innerhalb der engeren Menschheitsgeschichte gewisse Figuren und Handlungen gibt, die dem Historiker fortgesetzt keine Ruhe lassen.

Dabei sind es zeitlich *kaum mehr als hundert Jahre*, die uns von diesen ersten Fossilfunden trennen.

Der erste, ganz erkennbare Ichthyosaurus kam 1814 in England ans Licht; an einer anderen, nochmals berühmt gewordenen Fundstelle bei uns in Schwaben erst 1824. Der erste entsprechende langhalsige Plesiosaurus zum gleichen Termin 1824. Um den frühesten Schädel des seeschlangenhaften Mosasaurus wob sich als Rarität zwar schon seit 1780 ein kleiner Roman, wobei er einmal (im Verlauf der Eroberung von Maastricht durch die Franzosen) sogar mit 600 Flaschen Wein bezahlt wurde – wirklich wissenschaftlich beschrieben worden ist er aber erst von dem großen Cuvier, der wenige Wochen nach seinem großen Gegner Goethe starb. Die ersten Spuren noch amphibischer *Vorsaurier*, von denen die echten reptilischen wohl erst gekommen sind, zeigten sich in Württemberg um 1828, der nötige imponierende Riesenschädel (Mastodonsaurus) auch dazu erst 1844. Um 1833 wurde man auf Thüringer Sandsteinplatten einer vermeintlich handartigen Tierfährte gewahr, die offenbar hineingeprägt worden war, als der Stein noch weichen Schlamm bildete; man stritt sich damals zunächst,

3

ob es ein Affe, ein Beuteltier oder ein großer Salamander gewesen sein könnte. Andere, noch viel gewaltigere Schrittabdrücke aus Nordamerika galten 1836 als von ungeheuren Vögeln herrührend, während wir heute wissen, dass es sich in beiden Fällen um Saurier gehandelt hat. 1838 weckte das erste unvollständige Pareiasaurusskelett eine unbestimmte Ahnung von einem Kapitel der Sauriergeschichte, das sich im fernsten Afrika abgespielt haben könnte. Die Dinosaurier selbst, die heute am meisten das Staunen unserer Museumsbesucher herausfordern, datieren frühestens von 1824, der Feldzug auf die nordamerikanischen Kolosse von jenem Brontosaurusschlage geht sogar nicht über die späten siebziger Jahre zurück. Goethe hielt die ersten Flugsaurier des Solnhofener, so prächtig erhaltenden Kalkschiefers mit seinem Freunde Sömmering noch für Fledermäuse, während Cuvier 1809 auch hier das Reptil, allerdings in sehr unerwarteter Fledermausmaske, erschloss.

Seither, und zum Teil erst in den allerletzten Jahren, sind uns dann die wichtigsten Züge des ganzen Bildes klar geworden. Vor allem auch die Lebenszüge, mit denen sich die alte Zahn-Saat der Natur wie im griechischen Argonautenmärchen wieder zu festen Gestalten aus der Scholle hob.

Ungefähr haben wir heute *das System* wieder ausgemacht, das die zunächst wüst wieder anrückenden Regimenter ursprünglich verband – wobei allerdings mehreres, anfangs richtig Erscheinende neuerlich nochmals stark umgepflügt werden musste.

Ein »Saurier« ist, wie wohlbekannt, dem Worte nach nichts mehr als eine einfache Eidechse. Man hat sich aber durchweg gewöhnt, nur die *vorweltlichen* Reptil-Unholde aus *allen* Gruppen dort darunter zu verstehen. Und da diese, wie gesagt, geschichtlich wohl von noch etwas vorweltlicheren Lurch-Unholden abstammten, so pflegt man den Ausdruck auf diese mit auszudehnen.

Selber waren ja auch diese letzteren schon reichlich unholde Gesellen, die zuerst im dunstwallenden Steinkohlenmorast, der auch die Landinsekten zeugte, äußerst mühsam wie aufs Halbtrockene verschlagene Panzerfische oder krokodilhaft verschachtelte, riesige Kaulquappen sich dahinschleppten, ganz buchstäblich einer bewegten Zukunft unbeholfenster Anfang. Da der Bauch auf den schwachen, olmhaften Beinchen noch bodenwärts schleifte, führten sie besonders dort eine Art »hürnener Siegfriedshaut« aus Platten und Schuppen.

Und ihnen fast zum Verwechseln ähnlich, hat dann auch der älteste uns noch erkennbare *wirkliche Reptilsaurierstamm* eingesetzt.

Er trieb zunächst die sog. *Cotylosaurier*, deren Grundzug ebenfalls noch jene Erdschwere auf kurzen, wenn auch schon etwas stämmigeren Dackelbeinen bei dicken Köpfen blieb. Aus dem nassen Sumpf in die dürre Wüste versetzt, legten sie sich aufs Wühlen und Wurzelgraben. Hierher gehörte jener *Pareiasaurus* mit seinem geografischen Geheimnis. Denn die Reste dieser Urtümler kennen wir tatsächlich zumeist aus dem Kaplande, wo sie gleichsam noch die primitiven Buschmänner der späteren Hochsaurier spielten. Südafrika bildete aber selber damals nur einen Teil des berühmten Gondwanalandes mit seiner frühen Eiszeit und seinem späteren mutmaßlichen Versinken im Indischen Ozean. Ein Spross des Stammes entwickelte zeitweise dort ein differenziertes Gebiss wie Säugetiere, sodass Streit der Weisen darüber besteht, ob auch diese Säugetiere selber von hier ihren Ausgang genommen haben könnten oder ob bloß ein allgemeiner Schöpfungshauch zu solchen Zähnen damals alle Landwirbeltiere unabhängig gestreift hätte. Das Merkwürdigste aber scheint, dass wir auch von dieser ältesten verlorenen Welt noch heute einen fortlebenden Typ besitzen, der uns ihr Bild verewigt – nämlich in unseren *Schildkröten*. Ganz neuerdings ist in einem altafrikanischen *Eunotosaurus* der vermutliche Übergang entdeckt worden. Auch er wohl noch ein solches ursprüngliches Grabtier des Landes, das mit verbreiterten Rippen und auflagernden Hautverknöcherungen das künftige Dach der Schildkröte nach Gürteltierart zunächst gegen das nachstürzende Erdreich verwertete.

Neben diesen Grundstamm stellen sich dann *fünf höhere Stämme der Saurier*. Möglich, dass auch sie zuletzt alle irgendwie mit dem ältesten zusammengehangen haben, aber der unendliche Formenreichtum und die vielseitige Anpassung haben den Ausgang verwischt.

In der einen Linie liegen die vergangenen Vorfahren unserer heutigen, wirklichen *Eidechsen* und *Schlangen*. Trotz solchen oben noch grünenden Wipfels muss aber gerade dieser Trieb auch uralt sein. Der Zufall hat gewollt, dass wie drüben die Schildkröte so auch hier ein, wie das Volksmärchen von seinen Hexen sagt, »meeralter« Vertreter sich lebend erhalten hat in der sog. *Brückenechse* auf ein paar Inselchen an der Küste von Neuseeland. Trotz dieser Zählebigkeit über die Millionen der Erdgeschichte fort, muss sie auch heute als typischer Urweltssaurier gelten, der sogar noch im ältesten Rätsel dort steckt. Eine Weile sollte sie geradezu noch die Stammform der ganzen Reptilien sein mit eigenem Anschluss an jene Molchsaurier selbst, während man sie gegenwärtig immerhin doch auch über die ältesten Cotylosaurier kommen lässt. Es ist dabei bezeichnend, dass auch sie noch heute eine grabende Lebensweise führt, die sie gewohnheitsmäßig in die Gesellschaft höhlenbrütender Sturmvögel gebracht hat. Neuerlich steht sie unter strengem englischen Naturschutz als fast unbegreiflich zu uns hereinragendes Wunder. Im Übrigen gehören diesem Stamm noch jene meerbewohnenden, schlangenhaften *Mosasaurier* als reine

Vorweltler an, von denen im Folgenden noch einiges zu sagen sein wird.

Den scharf umrissenen dritten Stamm bilden die ebenfalls rein schwimmenden *Ichthyosaurier* der alten Ozeane, deren Anschluss nach unten man einstweilen nicht kennt.

Den vierten ebenso die *Plesiosaurier*, die mehr ein Robbendasein führten und jedenfalls von Landformen kamen.

Von diesen beiden volkstümlichen Typen ist kein lebender Vertreter mehr bis auf uns gelangt, wir berühren hier also extreme Urwelt.

Während der fünfte Hauptstamm wieder in einem Ast bis heute reicht, nämlich im *Krokodil*, das wohlverstanden also gar nichts mit der echten, heutigen Eidechse zu tun hat. Zugleich umschließt er im anderen, ganz urweltlichen Zweige aber den Stolz und Rekord des gesamten Sauriertums überhaupt, nämlich die *Dinosaurier* selbst, die Schreckenssaurier, wie das Wort besagt. Dinosaurier wie Krokodile gingen in ihrem Stamm wahrscheinlich auf eine gemeinsame Urgruppe zurück, die ihrerseits vielleicht von den Brückenechsen kam. Jedenfalls wahrten auch die Dinosaurier immer etwas von einem über die Stränge schlagenden Krokodil, das aber von Anfang an eine Neigung gehabt haben muss, sich känguruhaft auf den Hinterbeinen zu bewegen. Kleine Hüpfsaurier vom allgemeinen Schlage des späteren Solnhofener *Compsognathus* eröffneten in diesem Sinne die Bahn. Sie steigerten sich rasch zu wandelnden Türmen wie *Megalosaurus* und später *Tyrannosaurus*, als Fleischfressern wohl den bösesten Bestien ihrer Zeit. Während ein anderes entsprechendes Turmgeschlecht bei friedlicher Pflanzenkost parallel bis zum riesigen *Iguanodon* kam. Beide Türme aber sanken, wie zu schwer belastet, erneut wieder zur Vierbeinigkeit ab: die einen zu den jetzt vollends gigantischen *Brontosauriern* und Genossen, die anderen zu den *Stegosauriern* und jenen märchenhaften *Ceratopsiden*.

Es bleiben noch als letzter Stamm die wunderbaren *Flugsaurier*. Die Loslösung vom Boden, dem die ältesten Saurier noch so verhaftet gewesen, feierte hier ihren höchsten Triumph. Nachdem die Dinosaurier schon in ihrer Weise das Vorderbein frei gemacht, führte jetzt eine vom verlängerten kleinen Finger der Hand gespannte tragende Flughaut ganz in die Luft hinauf. Die sog. *Pterodaktylen* flatterten dort noch wie die Fledermäuse, der gewaltige *Pteranodon* ging von ihnen zum reinen Gleitflug und der Typ *Rhamphorhynchus*, indem er den Schwanz noch als Steuer hinzunahm, tat es bereits fast unseren Schwalben gleich. Woher dieses luftige Volk gekommen, steht noch immer nicht ganz fest, aber die größere Wahrscheinlichkeit neigt ebenfalls jener Stammgruppe zu, die Krokodile und Dinosaurier aus sich entließ. Vielleicht hat der Abzweigungspunkt auch hier bei einem sehr zierlich kleinen Typ gelegen, wie dem niedlichen Zwergsaurier *Aetosaurus*, von dem einmal in Schwaben auf ein und derselben Platte eine ganze Gesellschaft von 24 Stück zum Vorschein kam, die ein Sandsturm der fernen Triaszeit begraben.

Nächst diesem Stammbaum sind die *Größenverhältnisse* selbst allgemein geklärt worden. Sie haben Ecken, wo man nicht übertreiben darf, und andere, wo man allerdings kaum noch übertreiben kann.

Das gewöhnliche Bild des Laien, dass jeder Saurier von selbst ein Riese gewesen sein müsse, ist ja keineswegs zutreffend. Der Pterodaktylus war oft wirklich nicht größer als eine Fledermaus und die gewöhnliche, schwäbische Ichthyosaurusart nicht länger als ein mäßiger Seehund. Vielfach sind auch, wie bei allen urweltlichen Tieren, die Knochen der großen Formen übrig geblieben, zuungunsten der kleinen.

Daneben stehen aber auch die wirklich verblüffenden Maße, die nicht wegzudisputieren sind.

Schon jene Lurchsaurier hatten in besagtem Mastodonsaurus Schädel bis 1⅓ m lang, was bereits der Gesamtlänge eines mittleren, japanischen Riesensalamanders, also des größten lebenden Lurchs, entspricht.

Der tatsächlich größte Ichthyosaurusschädel im schönen Kloster Banz am Main in Franken ist mit 2 m größer als ein ganzer Mensch und man rechnet zu solchen Kolossen 12 m Gesamtstatur, was kein Krokodil von heute mehr entfernt erreicht.

Für eine Plesiosauriergattung (Elasmosaurus) werden schon 13 m angegeben, wovon sieben auf den ungeheuren, schlangenhaften Hals kommen, der diese Plesiosauriden wenigstens zumeist gegenüber den kurzhalsigen Ichthyosauriern kennzeichnet.

Mosasaurus maß mindestens auch 12 m.

Die größere Form bei den berühmten 29 Iguanodon-Skeletten im Brüsseler Museum, die vielleicht das Weibchen war, hatte 10 m von der Schnauze zur Schwanzspitze.

Die neueste amerikanische Wiederherstellung von Tyrannosaurus rex aus der obersten Kreide drüben, also dem Gebiss nach dem grausigsten Raubsaurier, gibt bei aufrechter Montierung einen Turm von gut dreimal Menschenhöhe. Man muss sich vorstellen, wenn dieser reptilische Tiger sich auf ein Wesen von Menschengröße stürzte.

Auch die Köpfe allein jener Hornsaurier (Ceratopsiden) stiegen bis auf 2 m.

Jener größte Flieger Pteranodon klafterte doppelt so weit wie unser größter Albatrosvogel.

Das alles tritt indessen noch einmal weit zurück gegen die Brontosauriden. Brontosaurus selbst wird auf 22 m geschätzt bei 34,500 kg Gewicht. Der in Skelett-Abgüssen weit verbreitete Diplodocus bis 24 m. Andere Schätzungen gehen hier schon bis 30 m, was ungefähr der größten je gemessenen Länge eines Walfisches gleich kommt.

Einzelnen Knochen nach hatte man zunächst erwartet, dass der zugehörige Brachiosaurus vom Tendaguru in Ostafrika selbst diesen Rekord noch schlagen werde, es hat sich aber herausgestellt, dass sein Riesenwuchs mehr steil in die Höhe als in die Länge ging. Sein Hals stand giraffenhaft über vier ungeheuren Stempeln zu verhältnismäßig kurzem Schwanz, wobei aber ein Oberarm sich mit 2,10 m Länge (gegen nur 0,95 m des Diplodocus) auf den Unterarm türmte und das zugehörige Schulterblatt 1,53 m maß. Ein einzelner Halswirbel gab 69 cm. Dieser Koloss konnte beim Abweiden von Sumpfpflanzen sehr bequem 12 m tief im Wasser stehen, was ihn nach der sehr annehmbaren Meinung seines Wiederherstellers zugleich vor den Angriffen der großen Raubsaurier schützte. Es ist aber gern zuzugeben, dass kein Mensch sich mehr eine wirkliche Vorstellung von solchem Ungeheuer machen kann, das vier übereinander gestapelten Elefanten entsprach. Ist doch sogar vertreten worden, diese Riesen hätten an »Akromegalie«, also krankhaftem Riesenwuchs aufgrund einer Verbildung der Hypophysendrüse im Gehirn, gelitten.

Nicht minder genau sind wir über die *äußere Körpergestalt* belehrt worden, die vielfach der Größe an Abenteuerlichkeit nichts nachgab.

Wir wissen, dass der 9 m lange Stegosaurus schon zu Lebzeiten eine Art versteinten Zackenkammes aus zwei Reihen alternierender Knochenplatten, die von fern wie ungeheure Greifenflügel gewirkt haben müssen, auf dem Rücken schleppte, während der Schwanz mit vier furchtbaren Einzelstacheln schlug. Wir wissen, dass andere Typen sich bloß mit solchen kolossalen Igelstacheln verteidigten, dass jene größten Raubsaurier hohe Knochenhelme mit Hornscheiden auf den Köpfen führten und ein Iguanodontide (Torythosaurus) durch solchen Helm wie ein fantastischer Kasuar ausgesehen haben muss.

Bei gewissen jener Ceratopsiden saß bei doppelter Rhinozerosstatur des beschuppten Reptilleibes ein mächtiges Horn auf der Nase, ein Paar Ochsenhörner über den Augen und dazu noch ein besonderer Knochenschirm krausenartig um den Nacken; der einzelne Kopf im Frankfurter Senckenbergmuseum wirkt überhaupt nicht mehr als Schädel, sondern wie die bizarren Auswüchse und Wülste eines riesigen Schaltieres.

Wenn in manchen Fällen die Aufmontierung des Skeletts und seine zeichnerische Wiederbekleidung mit Fleisch und Haut noch Zweifel ließen, so kam in anderen der wunderbare Zufall ganzer *Mumien* und *Abdrucks-Silhouetten* zu Hilfe.

Aus gewisser Schicht des Juraschiefers von Holzmaden an der Schwäbischen Alb holt seit Jahr und Tag der unvergleichliche Präparator Dr. Hauff so die Ichthyosaurier mit dem ganzen *Hautumriss* heraus. Diese Bucht war zu ihrer Zeit eine »Falle«, in der alles eingeschwemmte Leben durch Faulschlammgase vergiftet und konserviert wurde. Jährlich kommen dort noch 100 bis 150 Stück dieser alten Fischreptile an den Tag. Aus den Hautabklatschen hat man aber gelernt, was kein Skelett allein verraten konnte: dass auf ihrem Rücken eine dreieckige Delfinflosse saß und am Hinterende eine doppelte, senkrechte Schwanzflosse mit losem Oberlappen.

Entsprechend hat uns der feine, eingewehte Kalkstaub der Rifflagunen von Solnhofen den Schatten der nackten Flughaut dort verunglückter Flugsaurier bis in jedes Fältchen bewahrt.

Von einem jener unverpanzerten, wandelnden Berge des Iguanodontyps, dem 8 m langen Trachodon (der Name selbst hat mit »Drache« nichts zu tun), schwemmten im Laufe der Jahrtausende seiner Existenz immer einmal wieder einzelne, ungeschlachte Kadaver auf Sandbänken der Flüsse, in deren Gebiet die Scheusale hausten, an und dörrten dort zu *Mumien*, deren genaue Hautskulptur sich nachher dem umhüllenden Sandstein einprägte. Das gleiche Senckenbergmuseum besitzt unter seinen höchsten Kostbarkeiten auch ein solches fast schauerlich »frisches«, scheinbar noch umhäutetes Exemplar in der natürlichen Lage. Man sagte im Scherz nach der Präparation aus seinem Block, dass man erwarten müsse, es werde jetzt anfangen, noch zu stinken. Genialer Blick aber hat den ganzen Kerl danach täuschend im Bilde wieder hergestellt, wie er zweibeinig, steif und nickend daherkam, mit einem Zackenkamm am Rücken und mit Schwimmhäuten der Hand, ein schreckhafter Dämon, der doch mit seinen über 2000 Zähnen in mehrfachen Ersatzreihen hinter der verbreiterten Hornzerre des Vordermauls nur ein harmloser Pflanzenfresser gewesen sein kann, dem vielleicht noch eine lange Greifzunge beim Astpflücken half.

Sog. »Mumie« eines riesigen, zu Lebzeiten wohl aufrecht auf den Hinterbeinen sich bewegenden Dinosauriers (Trachodon annoctens) der oberen Kreide von Nordamerika, gegenwärtig im Senckenbergischen Museum zu Frankfurt a. M. Außer dem Skelett ist in diesem seltenen Falle auch noch die Skulptur der Haut durch Abdruck in der umgebenden Sandsteinhülle zum Teil erhalten und durch geschickte Herausarbeitung wieder zur Anschauung gebracht. Die Haut muss sehr faltig gewesen sein und über Hals und Rücken zog sich ein zackiger Kamm. Das Frankfurter Exemplar maß rekonstruiert von der Schnauze bis zur Schwanzspitze acht Meter. Wie die Schwimmhäute andeuten, führten diese pflanzenfressenden, reptilischen Ungeheuer eine halb amphibische Lebensweise am und im Wasser von Flüssen oder Sümpfen. Ihre verschwemmten Leichen dörrten an Sandbänken gelegentlich wohl zu Hautmumien ein und kamen so zur Versteinerung. (Nach einer freundlichst zur Verfügung gestellten, fotografischen Aufnahme im Besitz der Senckenbergischen Naturforschenden Gesellschaft)

Denn auch von dieser *Ernährung* der Saurier haben wir handgreiflichen Beweis. In eben dieser Frankfurter »Mumie« lag an der Stelle des Magens noch ein brauner Fladen mit Laub- und Nadelholzgefaser, sichtlich von der letzten Henkersäsung des Ungetüms. So führen ebenfalls jene Ichthyosaurier noch die Tintenfische in sich, von denen sie zu leben pflegten und ein amerikanischer Plesiosaurus wies zerbissene Fische, Ammonshörner und gar einen wohl aus der Luft erschnappten Flugsaurier auf. In einem Diplodocuswirbel aber steckte noch der Zahn, den sich ein zeitgenössischer fleisch- oder aasfressender Raubsaurier daran ausgebissen.

Tausende und Tausende jener bereits erwähnten *Fährten* ergänzen das lebendige Bild. Man sieht besonders jene Zweibeiner viele Generationen lang ihre Sümpfe umjagen und überqueren. Allzu viel Verstand wird man ihnen allen dabei doch kaum zutrauen, wenn man die oft winzigen Gehirnhöhlen misst; die stärkste Nervenleistung ging wohl auf die reine Bewegung der ungeheuren Glieder hin.

Vielleicht nichts aber bringt uns ihr Wesen noch so nah als die Einsicht, die wir gelegentlich sogar über ihre *Fortpflanzung* gewannen.

Wieder in verunglückten Ichthyosauriern entdeckte man noch ungeborene Junge, die als Embryo das Schicksal der Mutter geteilt. Es ist wahrscheinlich, dass dieser ständige Wasserfahrer *lebendig gebar*.

Einer der hübschesten je eingeheimsten Funde betrifft dagegen richtige, abgelegte *Eier* auch eines landbewohnenden Dinosauriervolkes. Es ist das Verdienst der Newyorker Museumsgelehrten, die schon so viel für diese Dinge getan, ganz kürzlich am Ausgang des Altai gegen die mongolische Wüste, also im Herzen von Asien, eine völlig neue und hoffnungsreiche Saurierfundstätte erschlossen zu haben. Offen zur Oberfläche herausgewittert, zeigten sich dort die Knochen eines kleineren und noch etwas weniger seltsamen Vorläufers jener nordamerikanischen Hornsaurier in reicher Zahl. Zugleich in umfassendstem Maße diesmal aber auch die *Eiablagestellen* dieses und anderen Geschlechts mit noch vielfach unbeschädigtem Inhalt. Jahrhunderttausende lang mögen sie immer wieder in auch damals wohl schon trockener Wüste benutzt worden sein, die Gelege bis 25 cm langer, weißer Reptilieneier von typischer Gestalt zum Ausbrüten der Wärme des sonnenerhitzten Sandes anvertrauend. Was dann ein Sandsturm verschüttete, erhielt der entstehende Stein bis auf fernste Zeit, um es verwitternd erst uns heute wieder freizugeben. Noch greift man die Eier selbst, heute auch innen vom feinsten Sande ausgefüllt, auf der dünnen Schale zart geriefelt, wie sie von den sorgenden Tieren zu ganzen Nestern vereint und mit den Spitzen nach innen oft mehrschichtig geordnet waren. Nicht selten stecken die Knöchelchen der bereits werdenden Embryonen auch hier noch darin. Ja, einmal fand sich dicht über solchem Ei sogar das ganze Gerippe eines offenbar mitbegrabenen, kleinen Raubdinosauriers, der sich seiner Zeit als böser Eierschlecker hergemacht, wie ein Eichhörnchen oder Wiesel heute zum

Vogelnest. Er gehörte zu einem völlig zahnlosen Typ, den man schon an anderem Fundort der gewohnheitsmäßigen Eierräuberei verdächtigt, ohne ihn doch noch so auf »frischer Tat« ertappt zu haben.

Ich schließe diese kleine, orientierende Übersicht zunächst mit dem hübschen Bilde.

In dieser Lebensform haben diese Saurier nun unendliche geologische Zeiträume hindurch auf der Erde ihr Wesen getrieben, in allen Erdteilen und allen heutigen Zonen von Australien bis Spitzbergen hinauf, von der Steinkohlen- und Permperiode an durch das ganze Mittelalter der Erdgeschichte in Trias, Jura und Kreide. Bis im Verlaufe und am Schluss dieser Kreideperiode, wenigstens nach gültiger Lehre und wie man sich wohl ausgedrückt hat, das »*große Sterben*« kam. So sachte nacheinander verschwinden aus den uns zugänglichen Schichten dort zuerst die Ichthyosaurier, dann die Plesiosaurier, die seeschlangenhaften Mosasaurier und die großen und kleinen Saurierflieger. Mit am längsten scheinen noch einzelne Dinosaurier durchgehalten zu haben. Bis ins echte *Tertiär* reicht aber kein Knochenrest der genannten Gruppen mehr, obgleich den Anfang auch dieser Epoche immer noch mehrere Millionen Jahre von unserer Gegenwart trennten. Vom ganzen Reptilgeschlecht blieb, wenigstens soweit unsere greifbaren Zeugnisse reichen, nur der systematisch kleine Teil fortan, der auch heute noch dauert. Jedenfalls war die eigentliche »Hybris«, wie ich's oben nannte, der wandelnden Häuser und Türme, der beschuppten Vor-Nashörner, reptilischen Meerungeheuer und Vogelkonkurrenten nicht mehr dabei.

Was diesen Abgang gerade der Hauptspieler bewirkt haben könnte, darüber besteht noch ungeschlichteter Gelehrtenzwist. An der eigenen Unform und Hypertrophie erstickt: das könnte für die ganz Großen vielleicht gelten. Von einem Klimasturz bedroht: davon wissen wir doch vorerst gerade für die Kreidezeit nicht viel. Von klügeren Konkurrenten ausgemerzt: das hätten nur die Säugetiere sein können, aber doch wohl erst im späteren Tertiär selbst. Der gleichzeitige Zusammenbruch auf dem Lande *und* im Meer macht vollends stutzig. Weil ihre Stunde gekommen war im Entwicklungsanstieg; das besagt doch eigentlich auch nichts Greifbares und müsste eben für den kleinen Kreis der Überlebenden nicht gegolten haben, was man wieder nicht versteht.

Man pflegt sich einstweilen zu bescheiden, dass auch sonst vieles damals starb, so die schönen Ammonshörner bei den wirbellosen Tieren; eben »das große Sterben«. Aber recht besehen: Einen wahrhaft triftigen Grund hat man noch nie zu entdecken gewusst.

Dass auf dem einmal entleerten Plan die bis dahin nebensächlichen Säugetiere wirklich hochgingen, ist Tatsache für sich und weniger absonderlich; in diesem Hochgang steckte dann auch irgendwie der Mensch – das wissen wir auch alle.

Ich mache aber jetzt einen Sprung und erzähle etwas gleich von diesem Menschen selbst.

Etwas, das bei ihm gespukt hat lange, ehe jenes letzte Jahrhundert der konsequenten Saurierfunde für uns anhub und diese ganze Wissenschaft Wort bekam.

Jeder Einzelne von uns erfährt, wofern er nur ein irgendwie tieferer Mensch ist, im Verlaufe seines Lebens ein gewisses sittliches Überwinden in sich selbst.

Etwas mehr Licht überwindet mehr anfängliche Finsternis. Geordneteres allmählich das Chaotische. Gutes ein mitangeborenes Schlechtes. Höher Menschliches eine noch fortbestehende, dumpfe Rohheit. Ein Lichtmenschlicheres gleichsam noch ein Tiermenschliches, Tierisches, das uns mit klammernden Organen fesselt, aber unser doch in allen besten Momenten nicht eigentlich mehr würdig erscheint.

16

Der *Sagendrache* als biblisches Ungeheuer in der Darstellung unseres deutschen Meisters *Albrecht Dürer*. Das Bild erschien als »das Sonnenweib mit dem siebenköpfigen Drachen« 1498 in Dürers Holzschnitten zur *Offenbarung Joannis*. Es bringt die Stelle dort Kap. 12, Vers 1–4 zur Anschauung, wo als großes Zeichen im Himmel zunächst ein Weib erscheint, »mit der Sonne bekleidet und der Mond unter ihren Füßen und auf ihrem Haupt eine Krone von zwölf Sternen«, und sodann »ein großer roter Drache, der hatte sieben Häupter und zehn Hörner und auf seinen Häuptern sieben Kronen, und sein Schwanz zog den dritten Teil der Sterne hinweg und warf sie auf die Erde«. Das Weib bringt ein Kind zur Welt, das der Drache fressen will, es wird aber zu Gott entrückt. Dürers Drache ist vierbeinig und geflügelt mit sieben Teufelsköpfen.

Dieser innere Kampf geht aber seit Jahrtausenden auch durch die Seele der ganzen Menschheit.

Lange vor Darwin und moderner Kosmogonie erlebte sich auch dort der Sieg des Lichtes über das Wüste und Dunkle. Klang es vom Triumph des sich heraufentwickelnden Menschen über das Tier. Vom neuen Guten, das das jetzt böse gewordene Ältere niederzwang.

Das nahm aber dort *symbolische* Gestalt an.

Es wurde zum Bilde des Lichthelden, der ein wirkliches, ungeheures Tier erlegt, das die uralte Nacht geboren.

Vom frühesten Babylon reicht das bis zum hohen Norden, vom Heidentum bis in die christliche Welt. Sigurd=Siegfried erlegt den Fafner, seine Gestalt aber wird noch unter dem Kaiser Diocletian in der Zeit der Christenverfolgungen zum Ritter Sankt Georg, dem frommen Römeroffizier und Märtyrer, der die schöne Cleodolinde vom Untier befreit.

Bald ist es in der Sage ein Goldschatz, ein Goldvlies, die zufallen, wenn das böse Scheusal stirbt. Bald erscheint auch ein solcher Schatz noch zu roh und selber verderblich: Dann wird der Preis ganz durchsichtig ein schönes, ideales Menschenbild, das erlöst werden muss. Der Held erweckt es mit einem Kuss, wie es noch im Kindermärchen vom Dornröschen fortklingt – wenn die Zeit endlich erfüllt ist und die Rosen blühen.

Wieder aber wird die alte Sehnsucht zum Allvater, der das Licht erschafft, zur Eva, die durch das böse Versuchertier fällt und die Menschheit unglücklich macht, bis der Lichtgott sie wieder versöhnt. Im tiefsten Mythus erliegt der Held-Befreier wohl selber noch einmal im Kampfe, er opfert sich auf – aber sein Werk besteht.

Bild will sich an Bild reihen, wenn man mit diesen Gedanken durch die Völker geht und schließlich will es erscheinen, als sei der Niederschlag des Größten darin, das die Menschenseele, die sich ihrer selbst bewusst wurde und ihrer eigenen Wandlungen, überhaupt gedacht.

Sagenhafter *Drachenkampf* in der Darstellung eines großen deutschen Malers aus unserer Zeit: von *Hans Thoma*. Das Bild ist 1897 gemalt (im Besitz von Henry Thode in Heidelberg). Der Drache hat hier eine molchartige Gestalt ohne Flügel, der Kämpfer erscheint als nackter Idealheld auf lichtweißem Ross.

Gerade wegen dieser Größe aber muss auch jeder Einzelzug der verdeutlichenden Symbolik, in die sich das eingekleidet, schließlich für sich interessant werden.

Und hier ist nun doch sehr merkwürdig, wie in diesem ewigen Mythus das Böse, das Scheusal, das ewig zu überwindende Tier seit ältesten Zeiten immer doch auch in einer ganz charakteristischen Gestalt aufzutauchen scheint.

Es tritt auf – wenn wir ein bei uns Deutschen umlaufendes und jedem verständliches Wort gebrauchen wollen – als »*Drache*«.

In unserer engeren, germanischen Sage ist Siegfried der »Drachentöter«, genau wie später jener heilige Georg. Alles fantastisch Scheußliche wird scheinbar auch in diesem Drachen vereint. Er blutet Gift, haucht feurig-versengende Glut, ist gewappnet wie mit Eisenstangen, liegt mit ungeheurem Leibe viele Klafter weit. In manchem ist er auch, seinem Mythus gerecht, eigentlich nur ein verkapptes, menschliches Bosheitswesen als eine Art Gegenmensch, Tiermensch.

Aber betrachten wir sein gangbares Bild näher, so will sich doch auch eine *recht genaue* Tiergestalt immer wieder mit größter Zähigkeit hineinfügen.

Seit Babyloniertagen durch alle Völker hat die Menschheit auch in dieses Tier des Lichtkampfes etwas unverkennbar *Reptilisches* hineingesehen. Ein ungeheures, gefährliches Reptil oder ein ganzes Geschlecht solcher.

Die Drachen sind riesige, ungeschlachte Schuppentiere, etwas schlangenhaft, aber doch mit bekrallten Beinen, mit furchtbarem Krokodilmaul – obwohl geflügelt, meist fledermaushaft geflügelt, doch stets mit einem harten Schuppenpanzer des typischen Reptils, der mühsam durchbohrt sein will.

Wie ist die Menschheit gerade auf *dieses* Bild gekommen?

Auch solche symbolischen Gestaltungen sind ja meistens nicht ohne irgendeinen besonderen Bezug. Um das Größte ihrer *inneren* Erfahrung auszudrücken – hat nicht diese Menschheit auch hier ein schreckhaft dämonisches Bild ihrer *äußeren* Erfahrung benutzt, das sich ihr irgendwo und irgendwie, einmal oder öfter, aber jedenfalls überaus nachhaltig aufgedrängt … ?

Neueste plastische Darstellung des Drachen der *Siegfriedssage* im Nibelungenfilm (Foto Ufa). Der Drache mit hohem Rückenkamm hat wohl absichtliche Ähnlichkeit mit gewissen reptilischen Sauriern der Urwelt.

Es ist doch auch eine leise, aber berechtigte, *zoologische* Frage, die sich hier einmischen will und sie muss bedeutend werden eben durch das Bedeutende, dem ihr Gegenstand sich als Symbol geboten.

Es hätte ja schließlich auch ein anderes Tier sein können, als gerade ein furchtbares Reptil. Etwa ein Löwe oder ein Stier. Im sog. Mithraskult, den einst die römische Besatzung an den germanischen Rhein und Main brachte, spielte gelegentlich die Opferung eines solchen Stiers durch den Lichtmenschen eine Rolle: Das schlichte Volk deutete in die Altarbilder, wo sie zum Vorschein kamen, doch sofort seinen echten Reptildrachen wieder hinein. In China, wo die Symbolik selbst zum Teil ganz andere Wege gegangen, ist das reine Reptilbild des Drachen stets fast zum Überdruss durchgeführt. Und noch heute lebt es völlig fest bei uns fort. Ich habe es als Kind von einem alten Bonner Dienstmädchen noch so als Volksgut mitbekommen, in der Dialektform »Track« dabei für Drache und folgerichtig als ein ungeheures Flugreptil, das im Drachenfels hauste und die vorbeiziehenden Menschen fraß. Jeder moderne Künstler wird die Unholde noch je nach seiner eingehenderen oder schwächeren Reptilkenntnis so darstellen, auf dem Theater werden sie bei Wagner so als etwas Selbstverständliches gespielt.

Der Zoologe aber fragt: »Was ist das eigentlich für ein seltsames Riesentier, das hier Modell gestanden haben könnte?«

In unserem Zoo, der die ausgesucht gefährlichsten und größten Bestien sonst vereinigt, seien sie nun behaart, befiedert oder beschuppt, will doch eigentlich nichts so recht dazu passen. Die Sagen sind aber alt. Ist hier ein Tier innerhalb der Menschheitszeit verloren gegangen, das etwa der Urgermane oder der Babylonier oder der Altchinese noch leibhaftig gekannt hätten? Die Menschheit hat ja noch in jüngeren und jüngsten Tagen so manches überlebt. Das unter unseren Augen ausgerottete, südafrikanische Quagga, den nur noch ausgestopft vorhandenen Riesenalk, die nicht einmal so mehr anwesende

Stellersche Seekuh. An dem Stadttor von Babylon, das Nebukadnezar um 600 v. Chr. der Göttin Istar geweiht und die deutsche Orientgesellschaft in unseren Tagen unter dem Schutt wieder herausgegraben hat, sieht man in noch heute strahlenden Emailfarben grade neben solchem »Drachen« auch den gewaltigen Wildstier, den Ur (Bos primigenius), abgebildet, von dem sie damals dort noch unmittelbare Überlieferung besaßen, während er gegenwärtig ebenfalls als Wildart völlig von der Erde verschwunden ist.

Unwillkürlich überlegt man, wo auch sonst in älterer Literatur ähnliche Tiere noch beschrieben sein könnten, und zwar jetzt nicht bloß symbolisch, sondern real.

Ob *alte Naturgeschichten* noch einen Anhalt zu geben vermöchten?

Wir haben allerdings keine solchen von den Urbabyloniern oder Altgermanen. Die eigentliche Mythenzeit schrieb noch keine zoologischen Lehrbücher. Und noch lange auch in die helle Kultur hinein war die Tierbeschreibung und Tiersystematik durchweg unglaublich zurück gegenüber der oft schon unvergleichlich glänzenden Tierskulptur in der bildenden Kunst religiösen oder heroischen Inhalts. Aber man ist doch überrascht, was für eine Masse Stellen in der jüngeren Antike, bei Spätgriechen und Römern, auch profan ohne Sage den »Drachen« erwähnen, wie etwas auch tierkundlich damals noch allgemein Geläufiges. Man hat vielfältig den Eindruck, dass er weit besser bekannt war, als etwa das Nashorn oder das Nilpferd und dass ein Mensch als jeder Bildung bar gelten musste, der an seinem Bestehen zweifelte.

Und so tritt man mit wirklicher Spannung an den Altmeister aller neueren Tierweisheit heran, der jenseits des zoologisch ganz ungebildeten Mittelalters auch hier die eigentliche wissenschaftliche Renaissance wieder bezeichnete – ob bis zu ihm wenigstens dieser Faden ebenfalls noch reiche.

Ich meine *Konrad Gesner* mit seinen gewichtigen Tierfolianten im 16. Jahrhundert.

Gesner (diese alte Schreibweise empfiehlt sich gegenüber Geßner, dem viel späteren bekannten Idyllendichter) ist eine noch immer viel zu wenig gewürdigte Prachtgestalt. In Zürich unter ärmlichen Verhältnissen geboren, arbeitete er sich mit der bewundernswerten Kraft wie Bescheidenheit der Gelehrten jener jungen und mutigen Tage bis zu einem der ersten Philologen seiner wissenschaftlichen Mitwelt empor, wurde Professor der griechischen Sprache, warf aber dann das Steuer seines Geistesschiffleins noch einmal völlig herum, bildete sich zum Arzt aus und verfasste das entscheidende, naturgeschichtliche Werk seiner Zeit. Als er, kaum auf der Höhe des Lebens, 1565 an der Pest starb – ein ebenso großer und allseitig verehrter Mensch, wie glänzender Pionier seiner Forschung – lagen vier Bücher Tierkunde vor, davon bereits der erste Band über 1150 Folioseiten stark; die entsprechende Pflanzenkunde unterbrach der frühe Tod.

Auch in diesen Bänden verleugnet sich der Kenner der Antike nicht, der zugleich noch dem Glauben seiner Schule an den Wert jeder antiken Überlieferung unterlag. Lateinisch geschrieben, vereinigen sie zunächst alle Quellstellen dort auch für den zoologischen Stoff, bereichern aber überall auch aus eigener Naturbeobachtung und Ausnützung einer uferlosen, wissenschaftlichen Korrespondenz. Wobei vor allem Gewicht gelegt ist auch auf eine umfassende Illustrierung in koloriertem Holzschnitt, der von dem Züricher Verleger Froschauer mit typografischer Meisterschaft herausgebracht ist.

Manches an diesen Bildern mutet heute naiv an, anderes und Näherliegendes besonders der heimischen Tierwelt ist dagegen von einer geradezu verblüffenden Naturwahrheit. Wesentlich mit diesem »Bilderbuch« wollte Gesner auch aufs breite Volk wirken. Und der hemmenden Gelehrsamkeit seiner dicken Lateinbände sich wohl bewusst, ließ er zu ihnen auch selber noch volkstümliche Bearbeitungen im Schweizer Dialekt der Zeit durch befreundete Kräfte (hauptsächlich einen Winterthurer Arzt Forer) besorgen, die als solche nun erst den hergebrachten »Gesner« darstellten, wie er zwei Jahrhunderte lang, bis auf die mehr systematische Epoche Linnés, die Kunde vor allem vom Tierleben und von der äußeren Tiergestalt volkstümlich wie wissenschaftlich tragen sollte.

Es wirkt geradezu rührend und vorbildlich für heute, was für hohen Wert Gesner selbst der volkstümlichen Tierbeschreibung in Hinsicht auf Bildung und Kultur einer Zeit beilegte. Hat er doch noch in seinem Testament für seine eigenen Nachkommen angeordnet, dass sie sich alljährlich einmal zu einem Liebesmahl versammeln, aus einem goldenen Becher trinken und seine Tierbilderbücher betrachten sollten, um ihre Kinder zu ebensolcher »Lehr oder sonst zu guten und ehrlichen Künsten und Übungen« zu erziehen.

Bereits beim Durchblättern des Säugetier- und Vogelbandes merkt man nun, dass auch Gesner gelegentlich noch das eine oder andere Tier *mehr* hatte als wir. Bald sind es ebenfalls problematische Sagentiere, wie das bis heute nie recht identifizierte Einhorn. Bald doch auch solches ältere, nur ausgerottete Volk, wie jener Ur, den auch er abbildet oder der Waldrapp, ein Ibis, der damals noch als heimisch in der Schweiz nistete, heute aber dort so gänzlich verschollen ist, dass man erst durch Gesner selbst wieder auf ihn geführt wurde.

Das Interesse für unseren Zweck vereinigt sich also auf den Teil, der von den Reptilien handelt. Im ersten Halbbande dort, von den eierlegenden, vierfüßigen Tieren, findet sich noch nichts. Der zweite ist dann die Schlangenkunde. Leider ist dieses Buch, das des Gesamtwerks fünfter Band werden sollte, von Gesner selbst nicht mehr vollendet worden, sondern erst aus seinen nachgelassenen Papieren ans Licht gekommen – im Lateintext stärker so noch als die anderen eine fast reine Sammlung von Auszügen. Immerhin hat sich doch auch zu ihm noch ein (nicht genannter) zeitgenössischer, deutscher Bearbeiter gefunden, der den ungeheuren Zettelkasten in eine recht hübsche Tierchronik vereinheitlicht hat unter dem lustigen Titel: »Schlangenbuch. Das ist ein grundtliche und vollkommene Beschreybung aller Schlangen, so im Meer, süssen Wassern und auff Erden ir wohnung haben, Sampt der selbigen conterfaitung: Erstmalig durch den Hochgelehrten weytberümpten Herrn D. Conrat Geßnern zusammen getragen unnd beschriben, unnd hernacher durch den Wohlgelehrten Herrn Jacobum Carronum gemehrt und in dise ordnung gebracht: An jetzo aber mit sondrem fleyß verteutscht … Getruckt zu Zürych in der Froschow 1589.« Heute selbst innerhalb der gesuchten Gesnerschen Texte in der Originalausgabe ein besonders seltenes Werk. (Eine neuzeitliche, kritische Ausgabe der Gesnerschen Zoologie ist immer noch frommer Wunsch!)

Und richtig findet sich dort auch noch ein langes Kapitel vom Drachen: De Dracone – »Von den Tracken«, wie der Bearbeiter mit dem schon genannten Volkswort übersetzt. Im Lateinwerk volle 24 Folioseiten mit mehreren bezeichnenden Holzschnitten.

Die riesigen, alten Druckblätter scheinen selber in diesem Falle etwas Dämonisches zu haben. Man erhält das ganze Panorama aufgerollt aller farbenprächtigen *Drachenweisheit*, soweit sie in Gesners Quellen gegeben war – und, in der guten Absicht wenigstens, alles unter rein zoologischem Gesichtspunkt.

Inzwischen wird man aber doch gleich zu Anfang etwas stutzig gemacht und fast enttäuscht. Der Philologe in Gesner erklärt nämlich zunächst das Wort draco. Es gehe auf die griechische Verbalform für »scharf sehen«, sei aber im Gebrauch dort wortgleich für eine sehr alte und riesenhaft ausgewachsene, einfache *Schlange*. Im deutschen Text: Es werde »offt von den schlangen in gemein verstanden. Insonderheit aber sol man die jenigen schlangen, so groß und schwer von leyb, all an der grösse halb übertreffen, Tracken heißen. Sind derhalben gegen den schlangen, wie die grossen wallfisch gegen den andern fischen, zu achten«.

Sollte es sich also am Ende bloß um unsere *Riesenschlangen* handeln? Da wären wir doch im Zoologischen Garten und bei einem höchst vertrauten tierkundlichen Objekt.

Gesner verzeichnet als deutsches Wort auch »lindwurm«, aber auch in »lint« würde nur ein altdeutscher Ausdruck für Schlange stecken. Und es ist nicht zu leugnen, dass eine ganze Menge der folgenden Sachangaben zunächst auf solche Riesenschlangen passen, wenn man die nötigen antiken Übertreibungen mit in Kauf nimmt.

Von 30 Fuß bis 80 Ellen sollen die afrikanischen und indischen »dracones« messen. (Bekanntlich sind unsere echten Riesenschlangenmaße bis heute außerordentlich mit Fantasie angelängt worden, wie man bewegte Schlangen ja überhaupt mit dem reinen Augenmaß zu überschätzen pflegt; 9 m scheinen auch die größte südamerikanische Anakonda und der stärkste altweltliche Python nicht viel zu überschreiten; wie ebenso die Angriffslust gegenüber dem Menschen heute berechtigtem Zweifel unterliegt.)

Sie töten Elefanten durch Umstrickung, wobei man immerhin an Hagenbecks Gitterpython denken mag, der hintereinander zwei Ziegenböcke verschlang und auch in der Übertreibung die Schlange erkennt. Schleichen auf dem Bauch, haben gespaltene Zungen, können lange hungern, fressen dann aber umso mehr; schwimmen zusammen in Klumpen verstrickt, leben von Äpfeln, Eiern, Vögeln – lauter reine Schlangenzüge überhaupt.

Es würde sogar gerade auf die Riesenschlangen als engere Familie passen, wenn es nach gewissen Autoren wenigstens heißt: »Die Tracken haben wenig oder gar kein gifft.« Und nicht minder stimmen die ethnografischen und geschichtlichen Angaben über indischen Schlangenkult und das heilige Tier des Äskulaps dazu.

Aber wieder wird man auch dabei stutzig, wenn man hört, dass solche »Riesenschlangen« in naher historischer Zeit auch die *griechischen Inseln* noch bewohnt haben sollen. »Die Insel Chios«, erzählt dramatisch genug der Deutschtext, »sol auff ein zeyt ein ungehewren grossen Tracken in einem dicken schattechten wald gezeüget haben, ab welches pfeyffen die eynwohner alda sehr erschracken. Und wiewol weder die bawren noch hirten sich dorfften herzülassen sein grösse zu besichtigen, so kondten sie doch auß dem grausamen pfeyffen gnügsam abnemmen und ermässen, das es ein groß erschrockentlich thier sein würde. Zu letst haben sie durch ein wunderbar mittel sein grösse erkundiget, und daß wunder zum end gebracht. Denn als ein starcker hefftiger wind gieng, unnd auß zusammenschlahung der böüm der Wald angezündet ward, umgabe das fheür den tracken überall daß er nit mocht entrünnen, ward derhalben durchs fheür verzehrt unnd außgemacht. Wie nun der gantz wald abgebrannt was, da fanden die Chij sein kopff und gebein, welche mercklich groß und scheußlich anzusehen, genügsame anzeigung gaben wie ungehewr und erschrockelich er gewesen were«.

Ja, die gute Schweiz selber müsste Riesenschlangenland gewesen sein. Laut Johann Stumpfs Chronik haben sie ihre Höhlen dicht unter dem Alpenschnee (man denkt an das Mignonlied und Böcklins grünen Unhold). »Gleich im anfang als das Schweytzer land erstlich bewohnet unnd geseubert ward ein grausamer track darinnen gefunden, ob dem dörfflin Wyler, der vertrib leut und wych (daher daß dörflin Oedwyler genennt ward), auff das erbot sich ein landtmann (genennt Winckelriedt) so von eines todschlags wegen daß land meiden müßt woh man in widerumb mit gnaden einnemmen, wölte er den tracken umbbringen, daß ward jm mit fröuden zugelassen. Nach dem er aber den tracken bestritten hat, warff er von stund an den arm fröhlich auff, darinn er das blütig schwert hatt, wegen deß siegs frolockende, dadurch sprang jhm daß tracken bluet an leyb, daß er darvon sterben müßt.« (Ersichtlich weht hier im Schluss ein Hauch Siegfriedssage ein, es sei aber erwähnt, dass laut Tschudi in seinem trefflichen »Tierleben der Alpenwelt« noch bis in unsere Tage im Berner Oberland und Jura überall der Glaube an den »Stollenwurm« als ab und zu umgehendes, drachenhaftes Ungeheuer fortlebte. Der Versuch einer rein sprachlichen Umdeutung der Drachenmythe auf ausbrechende Gebirgswildwässer und ähnliche sich der Volkserinnerung einprägende Naturkatastrophen kann demgegenüber wohl ganz außer Acht bleiben.) Und je weiter man bei Gesner liest, desto stärker mehren sich doch auch die nicht schlangenhaften Züge, als wachse so sachte hinter das Riesenschlangenbild jetzt noch eine ganze, andere Gestalt.

Den »dracones« werden plötzlich *krokodilhafte Tatzen* zugeschrieben. Gesner selbst fühlt, dass hier ein Widerspruch liege: Es sei das wohl ein selteneres Geschlecht neben dem rein schlangenhaft kriechenden. Es ist aber offenbar nur das Signal für alle möglichen andern Merkmale riesiger Eidechsen jetzt.

Wasser- und Landformen soll es am gleichen Orte nebeneinander geben. Kämme sollen sie haben, und zwar gerade der Landtyp, die anfangs klein, im Alter lang und schlapp werden und je nach dem Geschlecht da sind oder fehlen, auch Bärte und Wammen.

Künstlerische Verkörperung der Schweizerischen Überlieferung von einheimischen Drachen durch *Arnold Böcklin* (1827–1901). In schauriger Felsenschlucht flüchten erschreckte Kaufleute über eine schwindelnde Brücke, während sich oben gefahrdrohend der Drache aus seiner Höhle vorschiebt. Das grüne Ungeheuer, mit sehr langem Halse und Flossen gedacht, erinnert in einigen Zügen an den urweltlichen Meersaurier Plesiosaurus. (Mit Genehmigung der F. Bruckmann A.-G., München)

Bald werden diese Drachen als durchweg schwarz bezeichnet, bald als bunt mit Metallglanz.

Gelegentlich schweift der Bericht leise von seiner Linie selber ins Mythologische ab, doch gerade so den Anschluss, von dem wir ausgingen, wahrend. In einen Drachen mit dem Gesicht einer Jungfrau habe sich der paradiesische *Teufel* verkleidet, als er die Eva betörte. Die Dichter haben die Drachen zu *Schatzhütern* gemacht, was der brave deutsche Bearbeiter mit dem moralisierenden Sätzlein abtut, sie hätten wohl »dardurch die groß gefahr, so gelt und guet mit sich bringt« andeuten wollen. Sie lieben aber auch schöne Mädchen – leise klingt die Heldensage wieder an, vermischt doch mit rührseligen Anekdötchen von Tierfreundschaften und der wieder schlangenhaften »Hausunke« unseres Volksmärchens. Aber das Zoologische gewinnt stets erneut die Oberhand.

Und nun bringt es das Allerseltsamste auch von seiner Seite vor. Ob die Drachen auch *geflügelt* sind?

Nach den alten Quellen gebe es offenbar wieder beides: geflügelte und ungeflügelte. Die geflügelten in der Regel mit einer Art häutiger, gesteifter Fledermausflügel. Auf dem Holzschnitt erscheinen dazu nur zwei Füße, sodass unklar bleibt, ob die Arme wie bei solcher echten Fledermaus in die Flügel anatomisch verarbeitet zu denken wären. Doch scheint im Allgemeinen der Drachenflügel als reiner Hautflügel gedacht zu sein, der unabhängig von den Gliedmaßen noch einmal nach der Weise von Schmetterlings- oder Amorettenflügelchen den Schultern ansitzt.

Eigenartigerweise sollen aber auch gerade diese Flugdrachen bis zu uns im Norden vorkommen. Denn »es sind auch tracken in lüfften schwebend offt in Theütschen landen bey Sonnenschein gesehen worden. Zu nechst bey Niderburg (nit weit von S. Guer [St. Goar] am Rein gelegen) haben die eynwohner alda drey unterschidne Sommer bey helem tag ein tracken im lufft gesehen, als wenn er hieng und den schwantz erschüttete«.

Der Drache als angebliches, wirkliches Tier *in der wissenschaftlichen Naturgeschichte des 16. Jahrhunderts*. Das Bild gibt eine Druck- und Bilderprobe aus dem lateinischen Text des »Schlangenbuches« des großen Züricher Tierkundigen *Conrad Gesner*, gedruckt 1587, nämlich den Anfang des umfangreichen Kapitels dort De Dracone (Vom Drachen). Die drei Holzschnittfiguren zeigen oben links den Drachen bloß in Gestalt einer sehr großen, ungeflügelten Schlange, darunter als Flügelschlange und rechts als völlig unabhängiges Wesen mit häutigen Flügeln und zugleich Klauen. In allen drei Formen wird er im Text des Werks als möglich vertreten.

Eine Weile versucht Gesner ja auch hier noch zur Schlange zu biegen. Ob es nicht zoologisch von je auch geflügelte, echte Schlangen gegeben habe und noch gebe? Was er aber in dieses engere Bild hineinzeichnet, geht recht erstaunlich diesmal in die bescheidensten Liliputanermaße. In Indien gibt es für ihn solche Flugschlangen, die auf Bäumen sitzen und nur nachts ausfliegen, wobei bloß ihr »bruntz tropf, so sie fallen lassen« anderen Wesen gefährlich wird – man wird fast an Fliegende Hunde erinnert, also die großen fruchtfressenden Fledermäuse der Tropen. In einer Geschichte aus Herodot werden solche Schlangenflieger von den ägyptischen Ibisvögeln in Masse vernichtet, wovon der alte Grieche die Knochenreste selber noch in Haufen liegen gesehen haben will: bei der kleinen Statur des Ibis zweifellos doch auch nur ein Pygmäengeschlecht. Einmal, in neueren Tagen, soll sich ein Exemplar davon aber lebendig sogar nach Europa verflogen haben, denn »wie wol sölche thier in Frankreich frembd und ungekannt, so ist doch zur zeyt deß Königs Francisc nit weyt von Roschella ein solche fligende schlang von einem pauren, an den sie zu flog, mit dem karst erlegt unnd erschlagen, auch hernacher für den König gebracht unnd jhnen gezeigt worden, aldah haben sie vil glaubwirdige und geleerte leith gesehen, welche vermeint, sie were durch windstürm über mehr geworffen und also daselbst ankommen«. Und andere ähnliche Proben seien in Sammlungen gekommen, wobei sich aber wieder verblüffend herausgestellt habe, dass auch diese Fledermausschlangen Füße besaßen. »*Cardanus* schreybt: er habe bei einem zu Paris fünff außgedorrte fliegende schlangen gesehen, die zu ungleycher zeyt auffbehalten, von gestalt aber ein ander änlich gewesen. Sie hatten zwen füß und so kleine flügel« (spricht er), »daß sie meines bedunckens kaum hetten damit fliegen unnd sich in lufft schwingen mögen, die köpff waren klein unnd wie schlangen köpff formiert, von Farb heiter, ohn federen unnd ohn haar, die gröste under jnen was so groß als ein küniglin, kein mensch hette diese figuren oder cörper einander so gleych gestalten und schneiden können: darzu hette man inen ohn alle zweyfel grössere flügel angesetzt, auff daß die figur desto weniger verdechtig were worden.« Die Tiere kamen aus Indien und wurden trotz ihrer Winzigkeit auch »Drachen« genannt. Cardanus ist der große Mathematiker und Arzt von Pavia, die Stelle nach einem seiner Werke von 1557. Man könnte sich mit dem durchaus kritischen Bericht dem »Drachen« ganz auf der Spur glauben, wenn sich nicht eben die ausgesprochene Winzigkeit des Objekts (Größe eines Kaninchens!) entgegenstellte. Aus dem zeitgenössischen, französischen Zoologen Belon wird ein Holzschnitt beigefügt, der mit einiger Stilisierung vielleicht auf die gleichen Präparate zurückgeht.

Bild eines getrockneten Präparats einer angeblichen »*geflügelten Schlange*« mit zwei Füßen, das der französische Zoologe *Pierre Belon* so im 16. Jahrhundert selbst gesehen haben will. Die Figur wird von ihm und im Zusammenhang mit der Naturgeschichte des »Drachen« auch in *Gesners* »*Schlangenbuch*« von 1587 mitgeteilt. Möglicherweise könnte es sich dabei um ein sehr entstelltes Exemplar der wirklich lebenden, geflügelten Eidechse Draco volans von den Sundainseln handeln. Vgl. dazu auch Seite 68 unseres Textes.

So läuft der Zettelkasten des großen Gesner bis schier ins Unendliche. Zu allen Dingen und Namen, an die das Wort Drache nur irgendeinmal anklingen könnte – bis zu danach benannten Pflanzen und Sternbildern oder zu Antiquitäten, wie der Tatsache, dass die Feldzeichen der Römer Drachengestalt zeigten. Schließlich aber doch auch so nur die Weite des Begriffs und des Interesses durch die ganze Menschheitsgeschichte aufweisend.

Man legt die schönen Folianten, deren Reiz hier nur angedeutet werden konnte, aus der Hand und denkt nach.

Ob trotz allem der »Drache« rein auf die *Schlange* zurückgeführt werden könnte?

Es ließe sich dafür noch ein allgemeiner Gesichtspunkt geltend machen.

Gesner selbst erwähnt Schlangenkulte. In der Tat geht solcher religiöse Schlangendienst seit alters durch die verschiedensten Natur- und Kulturvölker bis sogar in das vorkolumbische Amerika. Es ist allerdings anzunehmen, dass er selbst ursprünglich weniger bei der Riesen-, als vielmehr der Giftschlange angeknüpft hat. Der tückische Giftbiss eines fast überall verbreiteten, gewandten, schon verhältnismäßig hoch entwickelten Wirbeltiers ist zweifellos von früh an eines der unheimlichsten Erlebnisse in der ganzen Natur für den Menschen gewesen. Je unheimlicher, bedrohlicher, unberechenbarer aber ein Ding, desto näher auch in der Volksseele seine Aufnahme in einen Kult, seine Heiligung und Schutzanbetung; das ist eine überall erneute Erfahrung.

Wieder in diesem Schlangenkult hat aber nun auch das zoologische Bild der Schlange selber vielfach eigene symbolische Umwertungen und Ausschmückungen erfahren. So verknüpfte man gelegentlich die einfache irdische Schlange mit der noch viel furchtbareren Himmelsschlange, dem *Blitz*. Beide kamen in geschlängelter Linie daher, schnell wie die Schlange biss, schlug die Blitzschlange ein. Die symbolische Vergleichung aber machte die Schlange selbst zur »Wetterschlange« und da sie als solche aus den Wolken flog, wurden ihr im Kultbilde Flügel angedichtet, während ihre Zunge zugleich als wirkliche rote Feuerflamme züngelte.

Ob auf diesem Wege auch der Drache in der Völkerfantasie zu Flügeln gekommen sein könnte und zum Feuerspeien?

Diesen *Flammenatem* hat ja Gesner als offenbar zu kühn und unzoologisch aus seinem ganzen Material bereits fortgelassen – er spricht nur ein paarmal vom Pestilenzhauch des sichtbaren Atemdampfs. (Wobei ich immerhin erwähnen will, dass man bei auftauchenden Delfinen eine Lichterscheinung über dem Atemloch gesehen hat und dass die afrikanische Giftschlange Naia nigricollis ihren Speichel meterweit auf Angreifer schleudert, indem sie sehr genau nach den Augen zielt.)

Der Gedanke hat jedenfalls in dieser Gestalt etwas Verführerisches und ist öfter (z.B. von Heinrich Schurtz) vertreten worden. Er würde nebenbei erklären können, warum der Drache noch heute in China nicht als ganz verderblich gilt, wie ja auch der Blitz nicht bloß verheert, sondern ebenso den Fall des langersehnten, wohltätigen Regens aus der Wetterwolke begleitet. Wer sich hier hingäbe, könnte also meinen, mit dem »Drachen« bereits mythologisch wie naturgeschichtlich »fertig« zu sein. Ich möchte den Leser gleichwohl noch ein Stück weiter bitten, wenn auch mit aller Vorsicht.

Denn völlig überzeugen kann mich auch diese Kultdeutung nicht. Man müsste, was Gesner selbst einmal anregt, mindestens noch das *Krokodil* daneben heranziehen, nachdem auch dieses böse Ungeheuer im Altägyptischen genügend Kultobjekt war und es zum Teil heute noch in Indien ist. Der Judendrache Leviathan in einer berühmt gewordenen Schilderung des Buches Hiob (Kap. 40 und 41) zeigt mehrere so ausgesprochene Krokodilzüge, dass es geradezu für eine Sensation galt, als das Krokodil neuerlich auch für Palästina noch lebend nachgewiesen werden konnte. Dabei spukt bezeichnenderweise auch dieser biblische Krokodildrache aber Feuer, obwohl in ihm unmöglich eine Blitzschlange stecken kann.

Doch auch das langt gewiss nicht überall. Es erschiene bereits als reichlich kühne Idee, etwa den besagten chinesischen Drachen mit seinen Flügeln und Hörnern und seinem ungeheuren Raum dort in Kunst wie Volksglauben eindeutig bloß auf den von unserer Wissenschaft erst spät entdeckten kleinen Alligator des Jangtsekiang, der sich harmlos von Fröschen und Wasserschnecken nährt, zurückführen zu wollen.

Man sehe sich aber den oben erwähnten »Drachen von Babylon« auf seinen noch erhaltenen glänzenden Ziegelreliefs an. »In den eynödinen, da vor zeyten die alt statt Babylon gestanden, söln auch viel ungehewre tracken ihr wohnung haben«, schreibt der deutsche Gesner und der Satz entbehrt nicht einer kleinen Pikanterie in Rücksicht auf die wirklich dort zutage gekommenen, wenigstens bildlichen Drachen. Die Tiere sind auf andersfarbigem Grund in zwei Farben, gelb und weiß, gegeben, und zwar durchaus mit der gleichen Lebendigkeit bei nicht allzu starker Stilisierung, wie die uns noch kontrollierbaren Seitenstücke jenes Urstiers und des Löwen von Babylon an derselben monumentalen Stelle. Auf den ersten Blick sieht man, dass auch hier ein beschupptes Reptil dargestellt sein soll, womit besonders im züngelnden Kopf ein gewisser Schlangenzug, ich möchte sagen, ideell unvermeidlich war. Aber der Gesamtumriss ist deshalb doch nichts weniger als eine Schlange und ebenso wenig ein Krokodil. Ein sehr hochbeiniger, fast katzenhaft leicht herankommender Vierfüßler mit dem kleinen Kopf auf sehr langem, mit einem Kamm versehenen Halse und einem entsprechend hochgerechten Schweif, der in einen Stachel ausläuft. Auf dem Haupt ebenfalls etwas kamm- oder hörnerartiges. Die Klauen vorne Panther und hinten breitspannender Vogel, als sei hier die Funktion nicht ganz einheitlich gewesen. Man glaubt eine völlig charakteristische Tiergestalt zu sehen, die doch keiner irgendwo bekannten lebenden zunächst ähneln will. Von Flügeln ist hier keine Spur angedeutet, was die Wahrscheinlichkeit nur erhöhen kann.

Man wird mir zugeben, dass kein Drachenbild irgendeiner Zeit einen so gespenstischen Wirklichkeitszauber ausübt wie dieses. Eine unheimliche Idee, dass solches Geschöpf dort noch gesehen worden oder doch in greifbarer Überlieferung geläufig gewesen wäre.

Und wir erinnern uns unwillkürlich dabei der allerdings viel späteren, in den biblischen Apokryphen überlieferten und wohl halb humoristisch dort gemeinten Anekdote vom »Drachen zu Babel«, wo von einem Drachen die Rede ist, der am Hof des babylonischen Königs lebendig, sozusagen im Zoo des Tempels, gehalten wird und den der Prophet Daniel zum Beweis, dass kein wirklicher Gott in ihm stecke, durch eine Pille aus Pech, Fett und Haaren zum Platzen bringt. Auch im modernen Berliner Zoo ist gelegentlich ein großes Nilpferd elendiglich an einem verschluckten Kindergummiball zugrunde gegangen. Wenn es aber ein solches Geschöpf wie auf dem Bilde dort noch hätte sein können …? Keine Schlange. Kein Krokodil. Aber was?

Wir blättern noch eine halbzoologische Quelle, eine der letzten über den »Drachen«, auf: den Folianten des geistvollen Jesuitenpaters *Athanasius Kircher* vom Mundus subterraneus, von den Wundern der unterirdischen Welt – vom Jahre 1665, also rund nochmals hundert Jahre später als Gesner.

Auch Kircher kommt, obwohl in einem gänzlich anderen Zusammenhang, noch einmal auf den Drachen zurück, dessen Dasein er als solches schon wegen der Bibelstellen für gewährleistet hält. Manche meiner Leser werden sich einer reizenden, obwohl im Einzelnen heute etwas veralteten Geschichte von Jules Verne erinnern, in der ein deutscher Professor auf Island in einen erloschenen Vulkan klettert, um zum »Mittelpunkt der Erde« zu gelangen und in der Tiefe ein ungeheures Meer in erhellter Riesenhöhle entdeckt, in dem noch die Ichthyosaurier und Plesiosaurier der Urwelt fortleben. Ähnlich, doch in seinem Glauben wenigstens halbwissenschaftlich, sucht Kircher die Rätsel der Erdentiefe zu lösen, zeigt die Erde durchschnitten wie eine Zitrone, mit der Märchenpracht ihrer unterirdischen Quellbecken und Zentralfeuer. Dabei aber fasst auch er die Drachen als die schaurigen Bewohner dieses Tartarus, die dort wie Olme und Höhlenkäfer für gewöhnlich hausen und nur ab und zu einmal zum Verderben der Menschheit sich auch an die Oberfläche verirren. Und um das glaubhaft zu machen, wird noch einmal mancherlei interessantes Drachenmaterial ausgegraben, das sogar Gesner nicht hat, und ebenfalls im saubersten Holzschnitt der schönen Holländer Folioblätter verewigt.

Wieder hören wir vom Schweizer geflügelten Drachen, der gelegentlich am Pilatus ausschwärmt – vor allem aber bietet sich diesmal der lateinische Bericht über jenen »Kampf mit dem Drachen« auf der Insel Rhodus, der uns allen von der Schule durch Schillers Ballade geläufig, auch er geziert mit dem amüsantesten Originalkonterfei dieses »historischen« Scheusals selbst. Der Hergang ist, bis auf eine hübsche Schlusspointe weniger, der gleiche wie bei unserem großen Dichter. Belehrend aber die genaue Datierung und »zoologische« Beschreibung.

Geheimnisvolles Tierbild aus der Zeit des Nebukadnezar (um 600
v. Chr.), das am Istartor von Babylon neben Löwen- und Urstierbil-
dern gefunden und als der in den Apokryphen der Bibel erwähnte
»Drachen zu Babel« gedeutet wurde. Nach dem Apokryphen-Be-
richt wäre ein solcher großer Drache zu Babylon lebendig gehalten
worden. (Nach F. Langenegger, Durch verlorene Lande)

Das Jahr wird mit 1345 angesetzt, also in immerhin schon
recht helle Geschichtszeit, über zwei Jahrzehnte nach Dan-
tes Tod und auf der Lebenshöhe des großen Petrarca; um
nur zwei Namen zeitgenössischer Hochkultur herauszu-
greifen. Der tapfere Ordensritter ist Deodatus de Gozo.
Die »zoologische Diagnose« des Drachen aber wie folgt.

Der Körper von Stärke eines großen Pferdes oder Och-
sen. Hals lang und einen Schlangenkopf (auch hier offenbar unvermeidlich) tragend mit maultierhaften »Ohren«.
Ein schärfstes Gebiss, große feurige Augen, vier Füße mit
Bärenklauen, im Schwanz und übrigen ausdrücklich kro-
kodilähnlich. Der ganze Leib mit einem harten Schuppen-

panzer. Zwei häutige Flügel, auch diesmal frei aus den Seiten wachsend ohne Anschluss zu Arm und Hand. Bunteste Färbung. Stürmt in dieser Aufmachung unter mächtigem Gerassel und Zischen, halb laufend, halb von den kurzen Flügeln schwebend getragen, schneller an als das gewandteste Ross. Wie die Schilderung und auch das offenbar sehr stilisierte Bild andeuten, waren die Hautflügel zum eigentlichen, freien Erheben des schweren Leibes in die Luft zu schwach. Der Atem ist giftig gedacht, nicht eigentlich feurig.

Auch Kircher gibt zum Vergleich noch den Holzschnitt eines jener kleinen, zweibeinigen Drächelchen vom Schlage der geflügelten Schlangen Gesners, doch ohne Flügel. Diese Miniaturgeschöpfe der Sammlungen sind nach ihm nur junge Exemplare der ausgewachsenen Riesen. Die Sage vom Feuerspeien der Drachen aber sei wohl darauf zurückzuführen, dass sie im Dunkeln wie faules Holz oder Johanniskäfer glimmten.

Jenseits Kirchers verliert sich der Drache aus der modernen Zoologie und verfällt schließlich ganz der Allegorie und Heraldik.

Im deutschen *Linné* von 1774 (Ausgabe von Statius Müller) liest man bereits, dass, seit man »die Glaubwürdigkeit der Nachrichten in der Naturgeschichte genauer zu prüfen angefangen, auch nicht gern mehr etwas annimmt, das nicht von zuverlässigen Personen ist gesehen und untersucht worden«, »alle Drachen der Alten« samt ihren »lächerlichen Figuren« »auf einmal verschwunden« seien.

Inzwischen läuft auch die Naturforschung in Arabesken. Wieder fünfzig Jahre nach dem meisterlichen Ordner Linné begann jene *Auferstehung der Urweltler* vom Sauriergeschlecht.

Der Drache als angeblicher Gegenstand der Naturgeschichte noch im 17. Jahrhundert: Bild des berühmten großen *Drachen von der Insel Rhodus*, von dem *Schillers Ballade* handelt, mitgeteilt in dem Werke über die Wunder der unterirdischen Welt (Mundus subterraneus) des gelehrten Jesuiten *Athanasius Kircher* von 1665. Die Umschrift feiert ihn als den geflügelten, vierbeinigen Drachen, den Deodatus de Gozo als Ordensritter auf Rhodus erlegt habe. Im Text wird das Jahr des Drachenkampfes mit 1345 n. Chr. angegeben.

Ein zweites Bild eines kleinen (jungen) »Drachen« aus dem *17. Jahrhundert*, das sich ebenfalls bei *Athanasius Kircher* (vgl. vorige Abb.) findet. Es stellt ein langhalsiges, auch fast an den urweltlichen Plesiosaurus gemahnendes, ungeflügeltes, aber nur zweifüßiges Geschöpf dar, das angeblich im 16. Jahrhundert in Italien erbeutet wurde und als Präparat in die Sammlung des italienischen Naturforschers *Aldrovandi* (gest. 1605) gelangte.

Diesmal eine wirkliche, wenn auch noch etwas anders gewandte »subterrane« Auferstehung aus der großen Naturkunde des Gesteins selbst.

Die ersten wissenschaftlichen Wiederherstellungen der Tiere nach ihren mehr oder minder vollständigen Gerippen erschienen und begeisterten alle Welt.

In dem Siebenweltwunderpalast von Sydenham bei London mauerten sie eine ganze Gruppe solcher in den natürlichen Maßen wieder auf, was Hagenbeck nachher umfassender durchgeführt hat.

Waren das aber nicht doch die leibhaftigen »Drachen« jetzt – in Ausmaßen, wie sie die Sage selbst kaum gewagt, grauenhafte Angreifer zum Teil, starrend von Zähnen und Panzern, mit Kämmen und Hörnern der wildesten Fantastik, Meer und Land unsicher machend zu ihrer Zeit, ja selbst durch die Luft schattend auf richtiger, gesteifter Drachenflughaut – und das alles wesentlich auch aus der Grundform eines riesigen Reptils von der Natur herausgeholt?

Seitdem ist die Frage nicht wieder abgerissen, ob *der Mensch nicht doch noch irgendwie mit diesen Vorweltsdrachen zusammengetroffen sein* und ihr tatsächliches Bild in seinem Drachentraum bewahrt haben könnte …

So nackt hingestellt, lässt auch diese Frage eine sehr verschiedene Behandlung zu.

Über ihre Magie ist kein Zweifel. Aber gerade deshalb scheint auch größte Vorsicht geboten. Wie ein alter, kluger Jurist einmal gesagt hat: Je verführerischer eine Beweisführung bis zur Grenze des Dreinverliebens sei, desto nötiger, sie noch siebenmal siebenmal durch das kalte Bad des nüchternsten Verstandes zu schicken.

Die hergebrachte Antwort der Fachwissenschaft ist nämlich völlig *verneinend*, und zwar stützt sie sich auf eine scheinbar unwiderlegliche Logik der Zeitbestimmung innerhalb der Urwelt selbst.

Die Blüte jener reptilischen Saurier lag im sog. Mittelalter der Erdgeschichte, also in Trias, Jura und Kreide, wie der Geologe die Einzelperioden nennt. Mit Lauf und Ausgang der Kreidezeit kam dann das besagte »große Sterben«. Von da bis zur Gegenwart sind aber zweifelsfrei noch wieder mehrere Millionen Jahre, verteilt auf Tertiärzeit, Diluvialzeit und engere Geschichtszeit, verflossen. Althergebracht wieder drei bis vier Millionen, es können aber auch noch einige mehr sein. Bekanntlich geht es mit diesen Zeitrechnungen dem Naturforscher heute etwas wie dem alten Chinaforscher Marco Polo, als er seinen verblüfften Zeitgenossen zum ersten Mal von der unermesslichen Volkszahl chinesischer Städte erzählte. Man nannte ihn im Scherz den »messer millione« (den Millionenhans), obwohl er, wie wir heute wissen, ein durchaus wahrheitsgetreuer Beobachter gewesen ist. So sind auch durch die gegenwärtigen, radioaktiven Gesteinsdiagnosen[1] die oft belachten, erdgeschichtlichen Millionenziffern statt kleiner, nur noch größer geworden. Bei gewissen mittelkambrischen Graniten kommt man jetzt bereits auf ein Durchschnittsalter von einer Milliarde von Jahren und danach werden sich auch alle Maße der späteren Epochen noch beträchtlich strecken müssen. Bleiben wir aber auch nur bei vier Millionen seit der Kreide. So hätte in dieser Zeit keiner der bewussten Saurier selbst mehr gelebt. Wo aber taucht darin erst die Spezies Mensch auf?

Wir wissen doch: Rein zoologisch ist auch der Mensch nur eine Spezies. Die Spezies Homo sapiens, das allweise Menschenwesen, wie Linné ihn seiner Zeit, man meinte manchmal etwas kühn, benannt hatte.

Nun wissen wir aber auch: In der späteren Diluvialzeit, mindestens 50.000 Jahre zurück, war die Spezies da, schon mit entschiedener Kulturweisheit. Geben wir ihr immer-

---

1   Vgl. das Kosmosbändchen von Dr. Lotze, Jahreszahlen der Erdgeschichte.

hin mit allen Neandertalern und sonst Strittigem Raum bis hinter die ganze Eiszeit. Lassen wir sie (mit höchst strittigem Gebiet) noch ein Stück selbst in die Tertiärzeit hineinreichen. Wir werden doch kaum viel über die Grenze der ersten Million rückwärts kommen! Vielleicht war der Entstehungsprozess selbst noch lang, vielleicht (im Sinne heutiger Mutationstheorie) nur kurz – einerlei, wir suchen doch die *fertige* Menschenspezies. Dann trennten diese von den letzten Sauriern aber, sehr mäßig gerechnet, noch mehrere Millionen Jahre, in denen der Saurier nicht *mehr*, der Mensch *noch* nicht da war. Wie sollen sie sich gesehen und wie soll dieser Mensch Tradition von dort in seiner Drachensage bewahrt haben?

So die Sachlage nach der, wie gesagt, gebräuchlichen Antwort, die jedem begeisterten Laien, der vor dem Gerippe eines Diplodocus vom »Drachen« schwärmt, als die betreffende, kühle Verstandesdusche zuteil zu werden pflegt. Auch der Diplodocus und dieser »Drache« ständen nach ihr eben nur in der Reihe jener großen Doppelheiten, die das Weltgeschehen immer einmal wieder erzeugt in der Unendlichkeit seiner Zufälle. Eine uralte Naturfantasie und eine schon helle Menschenfantasie, die zufällig in eine ähnliche Bahn geraten wären, ohne dass doch ein Faden von der einen zur anderen reichte.

Fragt sich, ob auch dagegen noch etwas Stichhaltiges widerzusetzen wäre.

Im Ganzen würde ich ja sagen, es gibt durchweg auch keine wissenschaftliche Negation, deren Netz nicht doch noch das eine oder andere kleine Loch für eine weitere, anziehende Auseinandersetzung zu lassen pflegte.

Und in unserem Fall sehe ich sogar noch ungefähr sechs solcher »Löcher«, über die sich immerhin reden lässt, zumal jedes seine interessanten, allgemeinen Anschlussgedanken für sich hat.

Zunächst kann man betonen, dass der Mensch natürlich noch mit Sauriern zusammengestoßen ist, insofern jenes »große Sterben« niemals absolut war, sondern gewisse Sprosse jener »verlorenen Welt« auch heute noch leben. Aus dem oben angedeuteten Stammbaum erhellt, dass solche Sprosse sogar noch aus drei Hauptstämmen der Saurier übrig sind. Jene sehr alte, urweltliche Brückenechse lebt noch neben uns, es lebt die ebenfalls uralte Schildkröte, leben vor allem Krokodil und Riesenschlange selbst, die uns bisher gerade bei der Drachensage so stark beschäftigen wollten.

Größe und Gefährlichkeit ist auch wenigstens einem dieser Überdauernden völlig saurierhaft erhalten geblieben. Das Krokodil ist noch gegenwärtig der allernächste Verwandte jener heroischen Dinosaurier. Es war selber aber bereits flott dabei, als der Ichthyosaurus noch schwamm, hat damals sogar statt Binnenwässern und Flussmündungen alle offenen Meere belebt gleich diesem und in nackthäutigen Hochseeformen mit Flossen sich dem alten Helden zuletzt fast bis zum Verwechseln angeähnelt. Und es wird im alten Madagaskarkrokodil, einer Variante des Nilkrokodils, auch jetzt noch volle 10 m lang, was dem größten Megalosaurus drüben nichts nachgibt. Wie gefährlich es aber in diesen Großformen ist, davon wissen alle Reisenden ebenso ein Lied zu singen. Schillings schilderte es mir stets als weit schlimmer als Löwe und Leopard; allerdings greift es nur im Wasser an, nie auf dem Lande und das könnte wieder gegen seine allgemeine Rolle im Sagendrachen sprechen.

Die Riesenschlange ihrerseits ist nicht ganz so alt und hat auch wohl nie wirklich einen Menschen gefressen – immerhin reicht auch sie noch zurück bis in die Tage der Mosasaurier.

Selbst von jener kleinen Brückenechse scheint denkbar, dass sie noch in geschichtlicher Zeit einen größeren Doppelgänger auf den Hauptinseln Neuseelands besaß, von dem Cook im 18. Jahrhundert noch gehört haben wollte.

Immerhin würde uns aber diese Form der Beantwortung noch nicht viel weiter führen. Auch wenn im »Drachen« von je nur Krokodil und Schlange gesteckt hätten, läge auf alle Fälle ein urweltlicher Zug mit ihnen auch in dem Sagenbilde. Aber wir möchten doch *mehr*, möchten Züge noch wirklich aus den Pteranodonten und Megalosauriern der *verlorenen Welt* selbst.

Hier wäre nun ein zweiter Einwurf, der vielleicht sehr paradox klingt, aber ebenfalls ausgesprochen werden muss: Ja, ist auch diese »verlorene Welt« wirklich verloren? Und unterliegen wir nicht auch hier bloß einer großen Täuschung? Leben nicht auch jene ganzen Ichthyosaurier, Dinosaurier, Flugsaurier sämtlich ebenso frisch, frei, fromm, fröhlich noch neben uns bis heute fort, wie jene paar Sprösslinge? Nicht im Filmsinn auf einem verwunschenen Plateau irgendwo als eine Art geologischen Gartens erhalten, sondern buchstäblich mitten zwischen uns noch immer, bloß in einer unterhaltenden Maskerade, an die wir nicht gleich gedacht hatten?

Der Gedankengang dazu ist etwa folgender.

Oft genug ist aufgefallen, wie gewisse heute uns allen geläufige Tiertypen in gewissem Maße noch an die alten Saurier erinnerten. Wie Wiederholungen geradezu aussahen. Nicht aber jetzt auch Reptile, sondern gerade höheres Volk: Säugetiere und Vögel. Unser Delfin (also Säugetier) sieht im Umriss täuschend ähnlich aus wie ein Ichthyosaurus; unsere plumpen Straußvögel wie gewisse hochbeinige Dinosaurier; das wirkliche Nashorn wie ein Horndrache; die Fledermaus wie der Pterodaktylus.

Hergebracht hat man das aber doch nur als äußere Anpassungsanalogie genommen. Innerlich blieb der Unterschied: hier niederes Reptil, dort schon höherer Bauplan auf Vogel oder Säugetier.

Und danach hat man den geschichtlichen Verlauf konstruiert. Als zu Ende der Kreidezeit das »große Sterben«

die meisten jener Reptilungeheuer fortwischte, fanden ein paar parallel schon angelegte kleine Vogel- und Säugetiertypen plötzlich Riesenraum zu eigener Entfaltung, dehnten sich explosionsartig aus und schufen binnen kurzem von sich aus in Delfin, Strauß, Nashorn, Fledermaus alles nochmals, was dort auch schon einmal an Außenanpassungen in Meer, Land und Luft hinein projiziert gewesen war.

Aber wenn der Verlauf nun so gewesen wäre: das große Sterben in Wahrheit gar kein echtes Sterben, sondern bloß eines gleichsam in ein höheres Leben selbst hinein? Wenn mit dieser geologischen Wende nur ein neuer großer Entwicklungsgeist, der vorher schon ein paar niedere Vögel und Säugetiere nebenher geschaffen, jählings sich jetzt auch in die extremen Saurier selbst fast auf der ganzen Linie ausgedehnt hätte? Den Ichthyosaurus unmittelbar damals in den Delfin, die Dinosaurier in Vögel und Säugetiere ebenfalls verwandelt hätte? Unter Belassung der äußeren Anpassung bloß innerlich überall auch hier auf die höhere Stufe umkrempelnd?

Dann hätten wir aber eine lustige Folgeerscheinung. Der Ichthyosaurus begegnete uns noch immer auf jeder Meerfahrt, aber eben in der Maske unseres Delfins, und der Horndrache trabte noch vor jedem Afrikajäger als heutiges, doppeltgehörntes Rhinozeros. Und wirklich »alt« geblieben wären eben nur jene paar noch immer reptilischen Sprossen wie Riesenschlange oder Krokodil, »alt« im Sinne, dass sie damals den Anschluss der großen Verjüngung verpasst hätten und bis heute als Muster reaktionären Konservativismus herumkröchen.

Es sind (mit etwas persönlichem Wort von mir) wesentlich neuere Ideen des Fachgeologen Steinmann, was ich hier vortrage und man wird mir zugeben, dass sie etwas Verblüffendes haben, wenn man sie so hinpflanzt. Die Schwierigkeiten des näheren Durchdenkens liegen natürlich auch auf der Hand. Man müsste wohl ein starkes Stück Darwinismus (wenigstens in der Methode der Entwicklung) dazu umdeuten, was aber an sich doch auch wieder eine hübsche, vielen heute willkommene Anregung wäre.

Man müsste sich denken, dass der Entwicklungsumschwung, etwa zum Säugetier, so ungefähr etwas gewesen wäre wie eine Zeitstimmung, die zu ihrer Stunde kam und da, dort, vielleicht sogar bis in die Arten und Individuen hinein, vorhandene Typen innerlich auf ein ganz bestimmtes, *gleichartig Neues* umstellte, wie man eine Uhr vorrückt. Was sollte das aber für eine eigentümliche Stimmung gewesen sein, die die äußere Anpassung bestehen ließ, aber zu innerst den Zeiger überall auf Höher stellte? Und wie sollte sie sich im Einzelnen durchgesetzt haben, wenn man alles auch hier natürlich zugehen lassen will?

Ich habe beim Durchprüfen einmal einen Augenblicke an sog. Hormonwirkungen gedacht. Bekanntlich kennen wir heute in den Lebewesen gewisse Organe und von ihnen erzeugte Stoffe, die gleichsam den Gesamtorganismus auf Einheit ausbalancieren. Ändert man sie künstlich, so verschiebt sich gewissermaßen das vorhandene Gleichgewicht auf ein anderes. So hat sich bei den berühmten Steinachschen Versuchen mit Vertauschung des Geschlechts bei Ratten und Meerschweinchen gezeigt, dass durch Einsetzen einer lebendigen weiblichen Geschlechtshormondrüse in ein Männchen, dieses Männchen bis in die Brustsekretion, das Haar und selbst Skelettmerkmale und Gehirninstinkte völlig auf Weib individuell umgestellt wurde. Ob eine solche Hormonumstellung auf Säugetiertyp oder Vogeltyp damals auch durch die Saurierwelt gegangen wäre? Aber wer oder was soll sie bewirkt haben?

Der Verteidiger könnte sagen: Es ist nicht rätselhafter, als in der anderen Annahme das »große Sterben« selbst, für das wir doch auch den anschaulichen Grund bisher schuldig bleiben. Aber man versteht doch auch, dass bei der großen Mehrzahl der Geologen und Paläontologen des strengen Fachs ein entschiedener Widerspruch gegen den Steinmannschen Grundgedanken besteht.

Nehmen wir aber wirklich einmal an, auch dieser Gedanke kämpfte sich in unserem Daseinskampf der Ideen durch (und wer will sagen, dass dort schon aller Tage Abend sei!) – was würde sich daraus ergeben für unsere Drachenfrage? Leider zunächst auch wieder nichts. Denn wenn die denkende und sagenbildende Menschheit den Ichthyosaurus eben auch nur in Delfinform, den Horndrachen als Nashorn und den aufrechten Saurier etwa als Moa-Strauß kennen gelernt hätte, so war kein Anlass, dort überall wieder auf das Bild eines Reptildrachens abzuirren. Wir hätten zwar die Saurier selbst indirekt bis zu uns behalten, aber ebenso auf neu frisiert, dass ihr Modellwert schwinden würde.

Probieren wir weiter auf einem dritten Wege.

Zweimal haben wir jetzt versucht, mit den Sauriern doch noch bis zum Menschen zu kommen. Ist es denn ganz unmöglich, den Menschen umgekehrt noch auf die Saurier zu bringen? Dass er doch noch irgendwie zu ihrer *echten* Zeit dabei gewesen wäre?

Nun, auch da kommt es wieder auf die Fragestellung an. *Dabei* gewesen ist der Mensch natürlich auch in der Kreidezeit – fragt sich bloß wieder für ihn jetzt, wie?

Ich habe mir früher bei Vorträgen über die Urwelt und ihre Wunder manchmal einen kleinen Scherz erlaubt, der eigentlich doch gar keiner war und nur etwas drastisch illustrierte. Nach allerlei Getier-Rekonstruktionen, wie man sie damals hatte (heute hat sich ja das Material durchweg sehr gebessert), warf ich auch die Frage hin: »Und wie war's damals mit dem Menschen?« Dann erschien auf der Leinwand ein Lichtbild von Harder – mit einem irgendwo zu seiner Zeit angeschwemmten Ichthyosauruskadaver, den ein Riesenheer winziger, geschwänzter Kobolde von ungefähr Spitzmausgestalt umwimmelte und anfraß. In dieser putzigen Maskerade, sagte ich, steckte damals zeitgenössisch – der Mensch. Der Gedankengang (wobei ich jetzt wieder den hergebracht vertretenen Entwicklungsgang zugrunde lege) ist auch dazu nur ein folgerichtiger.

Wenn die Spezies Mensch als solche auch vermutlich erst spät-tertiär ist, so fiel sie doch selber damals nicht aus der Luft. Wie wir heute zu einem rassereinen Deutschen etwa sagen: Vor anderthalb Jahrtausenden warst du ein alter Thüring oder Vandale – so steckte ebenso vermutlich doch im noch etwas älteren Tertiär dieser gleiche Mensch noch in einer mehr oder minder menschenaffenhaften Form, noch früher war er vermutlich mehr oder weniger in der Maske eines kleinen Halbaffen etwa von unserem Tarsius-Schlage, und wenn wir schon noch in die Kreide selbst zurück sollen bis zu Megalo- und Ichthyosauriern, so wird er allen Ernstes wohl äußerlich dort einem winzigen Insektenfresser auf Igel- oder Spitzmausfrisur, noch früher vielleicht auch einem Beuteltier oder einem Schnabeltiervorfahr geglichen haben.

Vorhanden gewesen sind ähnliche niedere Säugetiertypen, einerlei nun, was wirklich ums Ende der Kreidezeit passiert ist, auf jeden Fall schon tief in das ganze Mittelalter auch der Erdgeschichte hinein, wenn sie auch allen Spuren nach damals neben den Saurierriesen selbst nur eine vorerst untergeordnete Rolle gespielt zu haben scheinen. Neuerlich sind an jener wundervollen Fundstätte der Wüste Gobi, die jene Horndrachen-Brutstellen geliefert hat, auch wieder (diesmal ganze) Miniaturschädelchen solcher »Ursäuger« gefunden worden, einer einem solchen Insektenfresser, ein anderer anscheinend sogar bereits einem Urraubtier (Creodontier) angehörig. Es ist zu hoffen, dass weitere Ausbeuten dort auch diese niedliche Nebenwelt der noch bestehenden großen Saurierschöpfung immer mehr aufhellen werden, nachdem man bisher meist nur schlechtes Material besaß.

Inzwischen fragen wir erneut, was auch das uns nützen sollte.

Wenn der Mensch zwar damals dabei war, als noch in der schwarzen Unglücksbucht von Holzmaden richtige Ichthyosaurier stranden konnten, aber nur dabei sein konnte um den Kauf, dass er selber noch eine Art Spitzmaus oder Beutelmarder war, so helfe uns das abermals doch wohl so wenig für seine spätere Drachenüberlieferung, wie wenn er als heller Echtmensch denselben Ichthyosaurus noch nach oben verkleidet in einem Delfin erlebt hätte. Wie soll eine Überlieferung aus seinem Spitzmausgehirn von damals, das noch die Saurierdrachen erlebte, ihm in die Sagen seiner großen Kulturdenkzeit den »Drachen« geliefert haben?

Ja, vorausgesetzt, dass wir auch diesmal nicht wieder einen Spaziergang durch allerneueste verwegene Ideen machen wollten, die abermals an »Darwin im Wandel der Zeiten« rühren.

Ich will der betreffenden Frage auch jetzt eine möglichst eigene Fassung geben.

Darwin war seinerzeit der Meinung, dass der Mensch nicht eigentlich vom Menschenaffen abstammte, sondern beide eher von einem gemeinsamen Vorfahren. Klaatsch gab dem gelegentlich die Fassung, dieser Vorfahr sei, obwohl noch im Ganzen eine Stufe zurück, immer doch schon ein werdender Mensch gewesen, während die Menschenaffen wieder abgesunkene Nebenzweige zu ihm darstellten. In einer angeregten Gesprächsstunde fragte ich einmal Klaatsch, ob das nicht auch auf den Halbaffen und noch weiter zurück gelten müsste. Eine zentrale Halbaffenvorstufe des Menschen, die aber das Zeug hatte, Mensch zu werden – und alle echten Bloß-Halbaffen ebenfalls solche Seiten- und Senkäste von dort, die für sich unfruchtbar ausliefen. Und ebenso zu Beuteltier und Schnabeltier. Der Schluss wäre: Von Anfang an hätte eine zentrale Anstieglinie bestanden, die unaufhaltsam zum Menschen ging und alle übrigen Organismen wären nur abgezweigte und mehr oder minder stehen gebliebene Seitenäste dieses Menschenstammbaums. Klaatsch gab die Logik des Gedankens damals unumwunden zu, sein wenig später erfolgter beklagenswert früher Tod hat ihn aber verhindert, sich noch öffentlich dazu zu äußern. Ich selber habe die Idee als eine beiläufige öfter (besonders in Vorträgen) erwähnt.

Nun ließe sich bei gutem Willen aber noch etwas in diese Allgemeinidee als Diskussionsstoff hineintragen.

Die Besonderheit des Menschen ist letztes Endes heute bedingt durch sein Gehirn, gegen das alle übrigen Lebewesen turmtief abfallen. Ist am Ende auch das Merkmal jener seiner echten Vorfahren auf allen Stufen seines Stammbaums bereits ein verhältnismäßig stärkeres Gehirn gewesen, z.B. das Gehirn seiner Beuteltierstufe doch auch schon gehirnstärker als das aller sonstigen Beuteltiere? Fossile Reste solchen großhirnigen Menschenbeuteltiers etwa oder einer anderen Stufe dort würden wir bisher allerdings nie gefunden haben, aber das wäre bei den Lücken der Überlieferung kein unbedingter Gegenbeweis. Und nun ein ganz schwindelig wilder Gedanke. Es verschlägt ja nichts, auch ihn wenigstens einmal zu denken.

Könnte in der Linie dieser stets stärkeren Gehirne eine Möglichkeit gegeben sein, doch auch einer unendlich langfristigeren, geistigen Überlieferung, als wir je für möglich gehalten? Allen Ernstes noch bis in die wirkliche Kreidezeit zurück?

Wenn wir uns schon einem solchen geistigen Pteranodonfluge der Fantasie hingeben wollten, so ließe sich auch dazu noch manches anziehen. Die letzte Kreidestufe des Menschen, bis zu der noch solche Überlieferung laufen müsste, könnte möglicherweise auch schon etwas Halbaffenhaftes gehabt haben – auch unserem Koboldmaki ähnliche, kleine Halbaffen tauchen ja sehr früh im Tertiär auf. Es könnte im Anblick bereits ein »Homchen« gewesen sein, wie Kurd Laßwitz einmal das Wort geprägt hat – das am Ende gar schon aufrecht ging und erste Eolithe als Werkzeug benutzte.

Man könnte auch an Semons Mneme-Idee denken: dass körperliche Vererbung und das Substrat des Gedächtnisses etwas zuletzt Identisches wären. Diese körperliche Vererbung wiederholt aber noch heute in unserem Embryonalleben so manches Überraschende aus dieser tierischen Menschenvorwelt: Fell und Spitzohren und Schwanz, zuletzt sogar die noch älteren Kiemenbögen einer Amphibien- oder Fischstufe, wobei aber das Gehirn von früh an auch sehr groß angelegt wird. Wenn nun so auch uralte Gedanken, Vorstellungsbilder, Außenerlebnisse gelegentlich noch einmal anklängen wie halb verlorene Harfensaiten und von den Ungetümen der Kreidezeit leise noch in uns sängen? Vielleicht geweckt wieder durch die eine oder andere lebendige Anregung, aber dann doch noch Tieferes, Älteres hineingebend?

Mancher Leser wird bereits bemerkt haben, dass es Gedankengänge des geistvollen Münchener Fachpaläontologen *Dacqué* sind, denen ich mich jetzt genähert habe.

Seine betreffenden Schriften sind allerdings größtenteils Bekenntnisse einer Weltanschauung mit weitesten Fantasiepfaden, die uns hier nicht zu beschäftigen brauchen, obwohl vieles Wertvolle darin auch allgemein zu Sage und Märchen gesagt ist. Ich beschränke mich also auf das noch enger greifbare Paläontologische und hier ist nun Dacqué durchaus der Meinung, dass die Übereinstimmung der *Drachensagen* mit dem wirklichen Urweltsmaterial der großen *Kreidereptile* in unseren Museen in der Tat so bis ins Kleinste überwältigend und zweifelsfrei sei, dass nur in solchen oder ähnlichen Ideengängen eine Lösung gefunden werden könne. Dem kann ich mich doch in dem Maße nicht anschließen, sodass ich auch diesen Zwang noch nicht ohne Weiteres sehe.

Gewiss sind einzelne auch engere Analogien da. Als ich die erste Abbildung jenes Babylondrachen vom Istartor sah, hat sich auch mir aufgedrängt, dass hier eine gewisse leise Umrissähnlichkeit zu unseren Wiederherstellungen des Brontosaurus oder Diplodocus bestehe – mit dem kleinen Reptilkopf, dem langen Halse und vielleicht der spitzen Schwanzpeitsche, die zu gefürchteten Schlägen ausholt, das Ganze entsprechend kolossal gedacht.

Immerhin wären gerade diese Arten Saurier doch harmlose Pflanzenfresser gewesen und wir würden für das Bild des gefährlichen, bissigen Drachen eher Figuren brauchen, die an den aufrecht angreifenden Megalosaurus oder Tyrannosaurus auf langen Hinterbeinen erinnerten. Im Allgemeinen ist diese Kängurustellung aber etwas, was der Sagendrache gerade *nicht* zu haben pflegt.

In gewisse assyrische Reliefs könnte man zur Not so etwas hineindeuten, aber hier handelt es sich um greifenartige Gestalten mit Federflügeln. Die Erklärung Dacqués, dass es in der Kreide vielleicht auch vogelhaft befiederte, dinosaurische Reptildrachen gegeben hätte, obwohl bisher nie eine tatsächliche Spur derart gefunden worden ist, trägt doch zu sehr den Charakter des Gewaltsamen an der Stirn, bei dem das Original erst künstlich nach dem Vergleichsobjekt selbst umfrisiert wird.

Dass der Sagendrache mit Hautflügeln fliegt und drüben Pteranodon ebenfalls so mit einer Riesenspannhaut ankommt, ist gewiss wieder packend – aber Wiederholung gerade der Einzelheiten versagt auch dabei. Ich kenne z.B. kein Drachenbild mit dem hochcharakteristischen Flughautfinger solchen echten Flugsauriers. Der Pterodaktylus, den Dacqué in das Bildchen einer altamerikanischen Maya-Handschrift hineinsieht, scheint mir auf eine völlige Künstelei zum vorgefassten Zweck hinauszulaufen. (Wobei ich nebenbei bemerken will, dass die echte Drachensage gerade in Altamerika gänzlich zu fehlen scheint.)

Hier könnte der Verteidiger ja wieder einwerfen, diese Einzelheiten hätten sich eben verschoben und wären auf die Dauer von der Sage durch andere ersetzt worden – etwa wie in der gewöhnlichen Vererbung der Embryo einzelne Ahnenformen ebenfalls nachträglich auslässt oder verzerrt. Aber gerade dann sinkt doch auch wieder die eigentliche Beweiskraft für das noch gesehene, echt urweltliche Modell und die Notwendigkeit so ungeheuerlicher Annahmen wie einer von dort her noch bestehenden Überlieferung im Menschengeist. Es könnten für den Einzelfall dann doch noch weniger fern ins Blaue schweifende Erklärungen erörterungsfähig bleiben.

Man hat daran gedacht – und das wäre jetzt eine vierte Möglichkeit – ob nicht, das »große Sterben« einmal grundsätzlich zugegeben, *einzelne* auch der »verlorenen« Saurier in irgendeinem geschützten *Asyl* sich trotzdem noch länger und bis in helle Menschenzeit hinein erhalten hätten, auch so die Sage befruchtend. Wenn nun in irgendeinem stillen Winkel sich doch eine Herde Dinosaurier als »Relikt«, wie der Forscher sagt, gerettet und lange noch, wenn auch spärlich, weitergegeben hätte, wie es in dem erwähnten Film dargestellt wird? Nun kann auch so etwas grundsätzlich schwer abgeleugnet werden. Wenn man sagt, aus dem ganzen Tertiär kommen keine Dinosaurierknochen mehr vor, so gilt das doch nur für das Material, das uns zufällig dort noch zugänglich ist. Weite Landstrecken sind aber seitdem von der Natur noch wieder abgebaut worden, unendlicher Fossilinhalt ist zerstört worden auf Niemehrwiedersehen. Andere Gebiete sind bisher ebenso zufällig nicht erschlossen oder doch nicht voll ausgenutzt – man denke nur an jene Gobi-Wüste oder die gänzlich überraschende neueste Entdeckung fossiler Menschenaffenreste (*Hesperopithekus*) in Nordamerika.

Wer will erzwingen, dass wir gerade jedes schon zu seiner Zeit verborgene Asyl derart bereits entdeckt haben müssten?

Wir haben ja bis heute lebend noch so mancherlei Urweltler, deren späte Auffindung jedes Mal ein großes zoologisches Ereignis war: so die eierlegenden Schnabeltiere als Reste der Ursäuger in Australien und den großen Molchfisch Ceratodus der Triaszeit ebendort, der erst 1869 entdeckt wurde. Von anderen, höchst altertümlichen Asyl-Typen wie den Riesenstraußen Neuseelands und Madagaskars, wissen wir, dass sie erst ganz kurz vor der wissenschaftlichen Erschließung dieser Inseln in nächsten geschichtlichen Tagen ausgestorben waren. Dass es noch sehr stattliche, lebende Tiere neben uns geben kann, die wir bis vor wenigen Jahren nicht kannten, lehrt das berühmte Okapi, eine im tiefsten Kongodickicht überdauernde, kurzhalsige Nebengiraffe, lehrt das goldvliesige, chinesische Budorcas-Gnu, lehrt der schwarz-weiße Bambusbär. Wie viel mehr könnte solches vereinzelte Durchhalten in geschützten Asylen während der ganzen langen Millionenzeit der Tertiär- und Diluvialperioden selber sich noch abgespielt haben, und warum sollen solche älteren Asyltiere sich nicht auch gelegentlich noch vor echten Menschen jener Tage haben sehen lassen, während kein moderner Forscher sie mehr findet? Wer hätte raten können, dass z.B. die Mammute der Diluvialzeit noch so lange in Sibirien weiter bestanden haben, von denen uns die heute heraustauenden Eisleichen zufällig wieder Kunde gegeben und die nach einer Vermutung vielleicht sogar erst der erneuten kleinen Klimaverschlechterung ums Ende der Bronzezeit dort erlegen sind, nachdem ihr Stamm Europa längst verlassen hatte? Und wer hätte vermuten können, dass in Südamerika noch eines der großen Riesenfaultiere höchstwahrscheinlich bis kurz vor Kolumbus ausdauerte? Und was der Parallelen mehr wären.

Auch in diesem Falle käme es eben immer nur auf den wirklichen Beweis an. Hätten die alten Babylonier, deren Kultur sich ja wer weiß wie weit schon geschichtlich heraufgab, nicht noch Kunde und Bilder haben können von ein paar echten Brontosauriern, die in irgendeinem Sumpf ihres Gebiets noch gerade bis an ihre engere Überlieferung heran vegetiert hätten, um dann rasch vor irgendeiner örtlichen oder allgemein klimatischen Ursache auch endgültig einzugehen? Man vergesse nicht, dass diese Länder noch während der nordischen Eiszeit gleichzeitig ein sehr nasses Klima (sog. Pluvialzeiten) besaßen, das erst wieder einem trockeneren wich. Wie mancher uralte, vergessene Baumriese der Erdentwicklung mag da erst gefallen sein!

Und es dürfte hier der Ort sein, auf etwas hinzuweisen, das zwar auch noch nicht geklärt, aber auf jeden Fall äußerst merkwürdig und erforschenswert ist.

In dem allbekannten, inhaltsreichen Werk des alten *Hagenbeck* »Von Tieren und Menschen« wird gelegentlich eines *geheimnisvollen Ungetüms*, »halb Drache, halb Elefant«, Erwähnung getan, das sich im dunkelsten Afrika berge und vielleicht ein *noch lebender Brontosaurus* sei. Alte Buschmannbilder wiesen darauf hin; den Tierfängern der Firma sei wiederholt davon berichtet worden. Doch seien unmittelbare Versuche, seiner habhaft zu werden als des sicherlich großartigsten Schaustücks für Stellingen, bisher stets an unwegsamen Fiebersümpfen gescheitert. Wie die

Firma gelegentlich mitteilte, hatte sich auch in den folgenden beiden Jahrzehnten an dieser Sachlage nichts geändert und das fragwürdige Abenteuer schien erneut im Märchen zu verklingen. Gegenwärtig sind mir aber wieder greifbarere Nachrichten zugekommen, die das Ganze in ein neues Licht stellen könnten.

Ich verdanke sie der Freundlichkeit des Hauptmanns Freiherrn von *Stein* zu Lausnitz, des verdienstvollen Leiters der deutschen Likuala-Kongo-Expedition von 1913/14, deren wichtigstes Kartenmaterial inzwischen in den »Mitteilungen aus den deutschen Schutzgebieten« erschienen ist. Ich gebe die betreffende Stelle (aus den noch unveröffentlichten, zoologisch-botanischen Ergebnissen der Forschungsreise) mit gütiger Erlaubnis möglichst im Wortlaut wieder, um den Eindruck nicht abzuschwächen.

Ort ist diesmal das verwickelte Flussadernetz des südlichsten *Kamerun* unmittelbar zum unteren Kongo, mit seinen Überschwemmungsgebieten, Wasserwäldern auf schwankendem Wurzelgrund und Raphiapalmensümpfen – eine der bisher unbekanntesten und auch unwegsamsten Stellen Afrikas.

Es handelt sich laut von Steins äußerst vorsichtigem Bericht um »einen sehr merkwürdigen Gegenstand«, der »möglicherweise nur in der Phantasie der Stromanwohner existiert«, »wahrscheinlicher aber doch irgendeinen greifbaren Untergrund hat«. Die Angaben stützen sich vorläufig mangels genauer, eigener Erkundung auf »sonst recht zuverlässige und landeskundige eingeborene Quelle« und sind »ganz unabhängig voneinander von erprobten Führern wiederholt gleichartig bestätigt« worden.

Wesentlichen Inhalt bildet auch hier ein »Geschöpf, das die Uferbevölkerung dieser Teile des Kongobeckens, des unteren Ubangi und des Ssanga bis etwa hinauf nach Ikelemba als mokéle-mbêmbe bezeichnen und sehr fürchten«.

In den weniger großen Strömen, wie in den beiden Likuala, soll es gänzlich fehlen und auch in den genannten Stromteilen in nur sehr wenigen Individuen vorhanden sein. Außerhalb der Fahrrinne des Ssanga, z.B. etwa zwischen der Mbaiomündung und Pikunda, sollte zur Zeit der Expedition ein derartiges Geschöpf gerade sein Wesen treiben, also bedauerlicherweise in einem Flussabschnitt, der infolge des brüsken Abbruchs der Expedition nicht mehr zur Untersuchung gelangte. Aber auch im Ssômboarm fanden sich Hinweise auf das angebliche Tier. Die Erzählungen der Eingeborenen geben etwa folgendes Bild.

»Bevorzugter Aufenthalt sollen die nicht ganz seltenen, sehr tiefen Wirbelstellen sein, die der Strom in den konkaven Uferstrecken scharfer Richtungsänderungen vielfach ausgearbeitet hat.«

»Es soll das Geschöpf da die häufigen, aus den Lehmsteilufern unter dem Wasserspiegel ausgewaschenen Höhlungen mit Vorliebe aufsuchen. Auch am Tage soll es das Ufergelände betreten, um dort seiner, was eigentlich gegen Sage spricht, rein pflanzlichen Nahrung nachzugehen. Besonders eine weiß-großblütige Uferliane mit kautschukhaltigem Milchsaft und apfelähnlich aussehender Frucht soll bevorzugte Äsung sein. Im Ssômboarm wurde mir einmal sogar in der Nähe einer Gruppe derartiger Pflanzen ein sehr frischer, gewaltiger Durchbruch durch das dichte Uferbuschwerk gezeigt, den das Tier kürzlich erst hinterlassen hätte, um zu dieser Nahrung zu gelangen. Die wie überall massenhaft aus dem Wasser an Land führenden Flusspferdwechsel und die außerordentlich begangenen, breiten Wildpfade, die auf weite Strecken den Uferrändern folgen und ihre Entstehung Elefanten, Flusspferden und Büffeln verdanken, erlaubten an dieser Stelle aber leider nicht, auch nur mit einiger Sicherheit irgendeine Fährte auszumachen … «

»Das Tier wird beschrieben als von graubrauner Farbe, mit glatter Haut und in Elefanten-, mindestens aber Flusspferdgröße. Es soll einen langen, beweglichen Hals und einen einzigen, sehr langen Zahn, der aber auch als Horn beschrieben wurde, besitzen. Einige sagten ihm auch einen sehr langen, kräftigen Schwanz in Alligatorenart nach. Kanus, die in seine Nähe kommen, sollten sofort angegriffen und umgeworfen, die Besatzung zwar getötet, aber nicht gefressen werden.«

Der Berichterstatter deutet hier die Denkbarkeit allgemeiner Gefahrsagen für solche Wirbelstellen bei hohem Wasserstande selbst für größere Kanus an, kehrt aber doch wieder zu dem Tierbilde zurück. Wesentlich viel mehr sei aus den Aussagen nicht zu gewinnen gewesen, wenn man märchenhafte Züge wie »Unverwundbarkeit und ähnliches« beiseitelasse.

Eine zoologische Nebenvermutung, dass es sich um eine große Manatusart (also einen Vertreter der auch sonst in Flüssen und Seen des tropischen Westafrika bis in den Tsadsee verbreiteten sog. Seekühe, Trichechus, rein wasserangepasster, pflanzenfressender Elefanten-Altverwandten) handeln könnte, hat sich als unhaltbar erwiesen.

In einer privaten Mitteilung an mich erwähnt von Stein aus seinem Reisejournal noch eine Notiz »vom oberen Ssanga, aus Benassa zwischen Ouesse und Nola, also bereits der Region der Steinbänke und des überwiegenden Felsbettes …, wonach von dort wohnenden Ndsimu … eine ganz entsprechende Erzählung und Beschreibung« gegeben wurde. »Zwei außerordentlich hochstehende Fullah aus der Garuagegend, die … sich die übliche Bângala-Verkehrssprache angeeignet hatten, folgten diesmal diesen Unterhaltungen und erzählten dann übereinstimmend von einem ganz ähnlichen, wenn auch seltenen Vorkommen im von hier doch so weit entfernten Benuë, der doch dem Niger-System angehört.« Diese weite Verbreitung, meint von Stein, könne immerhin ein wenig mehr zur Erklärung durch Sage geneigt machen.

Von anderer Seite schließen hier mehr oder minder Berichte an von *Koch* aus Kamerun, die aber mehr auf eine riesige Wasserschlange gehen würden, die alle ihr begegnenden Menschen und an Furtstellen sogar passierende Elefanten töte. Die Leichen solcher etwas rätselhaft abschwimmenden Elefanten hat auch von Stein beobachtet, sah sie aber als Opfer der Stromschnellen selbst an. Im Übrigen zeigen diese Schlangenberichte, die gelegentlich ebenfalls von Stein hörte, weit stärkere Legendenzüge und dürften, falls sie überhaupt auf das gleiche Tier gehen, bereits seiner Verdunkelung in einen nahe liegenden Sagenkreis hinein angehören, der doch die Grundwirklichkeit durchaus nicht ausschließt.

Schließlich haben ganz unabhängig noch zwei Belgier neuerlich aus dem östlichen Kongobecken berichtet, dass sie in Verfolgung einer seltsamen Fährte ein brontosaurushaftes Ungeheuer mit riesigem Hals, einer Art Rhinozeroshaut und dickem Känguruschwanz wirklich von fern erblickt hätten. Die Erzählung, in der englisch-amerikanischen Presse mit Wort und Bild gleich unsinnig als Sensation ausgeschlachtet, hat, bei starker Unwahrscheinlichkeit sonst, doch den einen merkwürdig übereinstimmenden Zug, dass auch in ihr dem fraglichen Geschöpf ein Horn auf der Schnauze zugeschrieben wird.

Ich verzeichne immerhin zu der ganzen Sachlage und vor allem den ersten von Steinschen Angaben, die alle Züge besonnener, wissenschaftlicher Kritik wahren, ein paar eigene Bemerkungen.

Der Bezug gerade auf einen Brontosaurier ist natürlich, auch die echte Existenz eines zoologisch noch unbekannten und zu erforschenden, riesigen Sumpftiers zugegeben, kein zwingender. Immerhin wäre vielleicht kein Ort der Erde auch für einen solchen geeigneter, wenn das Wort einmal anklingen soll.

Ähnliche Riesensaurier haben auf der Grenze vom Jura zur Kreide, wie die herrlichen Tendagurufunde beweisen, in Ostafrika in Masse gelebt – einer Fachvermutung nach auch in seichten, oberen Flussgebieten, wo sie im Wasser standen und weiche Wasserpflanzen abweideten, während abtreibende Leichen verunglückter Exemplare sich unten im Delta gelegentlich häuften.

Gerade dieser Hauptsockel des afrikanischen Festlandes dürfte aber in der ganzen Zwischenzeit seither kaum größere Bodenveränderungen erfahren haben. Die Umwelt könnte also in den kamerunischen Wasserwäldern bis heute ungefähr als die gleiche gelten. Bloß dass sich die angreifenden Raubsaurier, die schon damals das Riesenvolk in die Sümpfe trieben, jetzt gänzlich dort verloren hätten, was dem Fortvegetieren einer immerhin kleineren Art nur Vorschub leisten konnte.

In der Tat doch recht merkwürdig ist, dass das fragliche Tier kein Fleisch fressen, sondern saftige Wasserpflanzen abäsen soll. Dass es als heutiger Machtherrscher seines Gebiets Elefanten bis zum Ertrinken scheu machen, Kanus umwerfen und Menschen schlagen würde, auch ohne Fressgelüste, liegt aber ebenso nahe.

Der lange Hals, einzeln aus dem Wasser gereckt, könnte die Schlangenlegende begünstigt haben.

Ein Horn jener Art kommt bei vielen Urweltsauriern, wie auch heutigen Schlangen und Eidechsen vor, worüber noch ein Wort zu sagen sein wird.

Selbst über die Unverwundbarkeit in Eingeborenenaugen ließe sich bei einem reptilischen Dickhäuter, der einst Megalosaurusbissen standhalten sollte, reden.

Ein besseres Versteck, wie gegen den Wandel der Zeiten selbst, so auch gegen den Spüreifer unserer Zoologen bisher, hätte dieses Stück »verlorener Welt« sich auch nicht gut aussuchen können als in diesen verwunschenen, undurchdringlichen Kamerun- und Kongo-Dickichten von extremer Unpassierbarkeit.

Also alles in allem – warum nicht? Es kostet nur den ersten Schritt. Wobei allerdings auch hier wieder der zähnefletschende, böse Landdrache der Sage fehlen würde. Es scheint, dass diese Sage selbst wenigstens heute auch in Afrika nicht sehr verbreitet ist. Es könnte uns blühen, dass, wenn wir den kamerunischen Brontosaurus wirklich noch lebend entdeckten, gerade der »Drache« als solcher in der Menschheitsseele von hier gar nicht befruchtet worden wäre. Aber wir gingen ja von dem Bilde zu Babylon aus, und wenn am Ssanga heute so etwas lebte, wie vielleicht nicht auch dort noch vor Jahrtausenden.

Ich will dem Leser zu dem Wort von solchen vereinzelt noch fortdauernden Urweltlern noch eine zweite Sache anklingen lassen, über die er zunächst wahrscheinlich ohne jeden Rückhalt zu lächeln geneigt sein wird, aber, bitte, einmal wirklich jetzt nicht lachen sollte. Ich meine nämlich die hergebracht verlästerte Geschichte von der »*Seeschlange*«. Lachen ist eine sehr gesunde Leibesübung und bisweilen bin ich auch selber geneigt, über heitere kleine Schnitzer der unentwegt fortschreitenden Wissenschaft zu lachen. Wir sind alle keine Heiligen. Aber es gibt Stellen, wo das Lachen doch zu einem Hemmnis aufrichtiger Forschung werden kann.

Die Seeschlange, über die ungefähr 200 ernste Berichte vorliegen, ist an sich durchaus nicht lächerlich, auch wenn sie noch so sehr Symbol einer tatsächlichen Lächerlichkeit kleiner Winkeljournalistik, die auch in toter Saison um jeden Preis ihre Spalten füllen muss, geworden sein mag.

Ich rede dabei natürlich auch hier von der sog. »großen Seeschlange«, also dem Legendenungetüm und zoologischen »Fliegenden Holländer« der See, und nicht von unseren heute sattsam bekannten, echten tropischen Seeschlangen (Unterfamilie Hydrophiinae) des Indischen und Stillen Ozeans – schlimmen Giftern mit senkrechten Ruderschwänzen, die fast alle ausschließlich als Taucher und Schwimmer die Salzflut beleben, aber nie Riesengröße zu erreichen scheinen. Nebenher will ich bloß erwähnen, dass auch sie merkwürdig genug sind und u.a. eine eigene fischkiemenartige Unterwasseratmung mittels des dick durchbluteten Zahnfleisches erneut bei sich durchgeführt haben.

Jene »große Seeschlange« stellt im Gegensatz dazu nichts Geringeres dar als eine Art Doppelgänger oder Nebengänger des Drachen selbst, der, wie dieser in Klüften und Einöden des Landes, so sich immer ein mal wieder unter Bevorzugung ganz bestimmter Stellen im Ozean sehen lassen soll.

Auch diese »Seeschlange« hat (und schon deswegen sollte sie nicht für lächerlich gelten) zuletzt den ehrwürdigsten, mythologischen Bezug. Man weiß, wie sie im nordischen Mythus als *Midgardschlange* (Jormungand) mit ihrem ungeheuren Leibe fast kosmisch gedacht die Erdeninsel mit all ihrem Glück und Schicksalsleid umspannt und am Ende der Tage aus dem dunklen Abgrund steigen, in der Götterdämmerung gegen die schuldbeladenen Himmlischen kämpfen und zuletzt durch Thors Hammer fallen wird, doch auch Thor selber durch ihr Gift dabei ins Verderben ziehend – Bilder von schauerlicher Pracht, die wieder zum Erhabensten gehören, was die Menschheit je gesonnen.

Darstellung des 16. Jahrhunderts von der »*Großen Seeschlange*«
im Meer bei Norwegen, nach einem zeitgenössischen Bilde bei
dem Schweden *Olaus Magnus* (Magni), mitgeteilt auch in *Gesners* »Schlangenbuch« von 1587 und im deutschen Text dort als
»*Wallschlange*« bezeichnet. Sie soll zwei- bis dreihundert Fuß lang
werden und wird vorgeführt, wie sie aus einem Schiff die Besatzung
herausfrisst. Die fantasievollen Meertierbilder des schwedischen
Kartografen erweckten schon damals öfter den Zweifel anderer Gelehrten.

Hier, wie im Babylonischen und Biblischen, verschwimmt
ihre Sondergestalt merklich mit dem urgeborenen Drachen
selbst. Und es erschiene abermals als ein leichtes, auch sie
symbolisch ganz aufzulösen etwa zur Wasserschlange,
die mit dem Blitz aus der schwangeren Wolke stürzt und
die Erde je nachdem befruchtet oder verheerend über-
schwemmt, – und sie erst auf diesem Umweg endlich ins
Meer zu bringen. Ihre wirkliche Erscheinung und Lokalisierung geht aber auch jetzt himmelweit verschiedene und
unvergleichlich viel »substanziellere« Wege.

Schlagen wir, um uns dieser »Wirklichkeit« zu nähern,
noch einmal die ehrsamen Folianten unseres *Gesner* auf. Es
genügt die mehrfach in den Bänden vorkommende Stelle
»Von der Wallschlangen« (großen Schlange) in der Fassung des deutschen Schlangenbuches.

»Bey Norwegen im stillen meer erzeigen sich meerschlangen zwey oder drey hundert schuch lang, sehr auffsetzig und verhaßt den schiffleuten, also das sie auch zuzeyten ein mann auß dem schiff hinnemmen, söllen sich umb grosse schiff schlahen und die selben zu grund richten, sie erheben offt sölche krümb über das meer, das darunder ein schiff ring durchfahren möchte.«

Textinhalt und Bild stammen in diesem Falle ursprünglich aus dem berühmten Kartenwerk des Schweden *Olaus Magnus*, der noch Zeitgenosse Gesners selbst war und von dem Gesner auch manche lustige Figur walfischhafter, nordischer Seeungeheuer entlehnt hat, ohne doch seine eigenen gemütlichen Zweifel davor gelegentlich zu unterdrücken.

Jedenfalls sind Figur und Schilderung wertvoll, da sie gleichsam die »Urzelle« des ganzen neueren, noch bis in unsere Zeit ragenden, realistischen Seeschlangenbildes geben. Ein ungeheures, schlangenhaftes Wesen in den nordischen Nebelmeeren, mit eigentümlich knotigem Körper, das den damaligen kleinen Kauffahrtei- und Missionsschiffchen in der Ozeansöde noch als Angreifer schreckhaft wurde, während es die neueren großen Seeschiffe nur durch seinen einfachen Anblick erregen sollte.

In des Olaus Magnus eigenen Berichten bewohnt sie eigentlich Küstenhöhlen bei Bergen, durchräubert von da das offene Meer und in hellen Sommernächten wohl auch das benachbarte Land, wo sie Schafe, Kälber und Schweine fortfrisst, ist schwarz und hat rotflammende Augen und eine lange Halsmähne.

In dieser Grundgestalt, nur mit dem einen oder andern Zusatz, glaubten sie die frommen Grönlandfahrer der Egedeschen Missionszeit (erste Hälfte des 18. Jahrhunderts bis an Goethes Geburt heran), noch erlebt zu haben, wie sie sich in grausiger Erscheinung masthoch vor dem armen

Schiffchen in der Wasserwüste aufbäumte, um rückwärts in Purzelbäumen wieder abzugehen, wenn die dürren Pilger sie nicht lockten.

Bild eines *Meerungeheuers* aus der Zeit der großen nordischen Fabeltiere, wie sie *Olaus Magnus* im 16. Jahrhundert abzubilden pflegte, von *Gesner* in seinem »Fischbuch« unter Vorbehalt der Richtigkeit wiederholt. Zugrunde soll eine Art *Walfisch* liegen mit langen Blasröhren zu dem fabelhaften Wasserauswerfen am Kopf. Schiffer haben ihn für eine Insel gehalten, Anker dabei geworfen und Mannschaften zum Feueranzünden und Kochen ausgeschifft, als plötzlich der wahre Kopf des Scheusals auftaucht und sie bedroht.

Worauf dann etwa weitere hundert Jahre jetzt des neueren triumphierenden »Daseins« der Seeschlange unter immer neuen berichtigenden Zusätzen und aus allen Meeren der Erde, besonders auch von der atlantischen Amerikaküste, folgten. Schiff um Schiff, das ihr (bis, wie gesagt, zu 200 Fällen) begegnet sein wollte, Beobachtungen mit allen neueren Sehmitteln, gehäufte amtliche Protokolle in den Archiven von Küstenstädten, ehrenwörtliche Versicherungen und nicht zuletzt Zeitungsausbeutungen und -ausschmückungen bis zum Überdruss. Ein wirklicher Fang aber erfolgte nie – wir wollen doch ehrlich sagen, wenn das Tier so groß und entsprechend schlangenhaft gewandt war, auch keine ganz leichte Sache. Zwischendurch wurde einmal ein angeblich 114 Fuß langes Skelett aus Amerika öffentlich rundgezeigt und von braven Berliner Behörden als »biblischer Leviathan« für schweres Geld angekauft, das aber der große Zoologe Johannes Müller alsbald dort als künstlich zusammengestückelt aus versteinerten Knochen eines tertiären Urwals (Zeuglodon) erwies.

Fassen wir, ohne uns in Einzelheiten zu verlieren, kurz zusammen, was auch in diesen neueren Berichten (ehe sie durch einseitiges Lächerlichmachen zu verschwinden begannen) mehr oder minder regelmäßig wiederzukehren scheint.

Die Länge schwankt von noch nicht 20 bis nach wie vor 100, ja 200 Fuß. Die Farbe vielfach auch später schwarz. Ein pferdehafter Kopf meist mit »Mähne«. Längerer, dünnerer Hals oft bei dickerem Leibe und langem Schwanz. Manchmal dieser Schwanz mit fischartig ausgeschnittener oder sonstiger Flosse. Auch wohl eine Rückenflosse oder ein Saum solcher. Das Maul groß, mit zackigen Zähnen. Eine Art Schnurrbart. Braune Zunge. Nasenlöcher verschließbar. Die Augen rot- oder blauflammend, jedenfalls irgendwie »feurig«. Haut verhältnismäßig glatt, obwohl beschuppt. Sie bläst (»spritzt«) wie ein Walfisch (bekanntlich ist das wirkliche Wasserauswerfen durch die Nase bei den Walen eine Fabel) und verbreitet einen starken Geruch.

Als seltsamstes und widersprechendes doch auch hier zu dem so treu wiederkehrenden Wort »Schlange«: Sie wird ziemlich hartnäckig mit vier Paddeln, also zwei Paar Flossengliedmaßen beschrieben, wobei das vordere meist größer als das hintere ist. Diese Paddeln, die der alte Olaus Magnus noch nicht kennt, scheinen geradezu seit dem Gebrauch des Fernrohrs zuzunehmen, als habe man sie jetzt erst deutlich unterschieden. Vorkommen, wie gesagt, in allen Meeren, aber anscheinend an gewissen Küsten besonders häufig, doch immer nur auf kurze Zeit zu sehen und dann wieder wie ein Spuk fort.

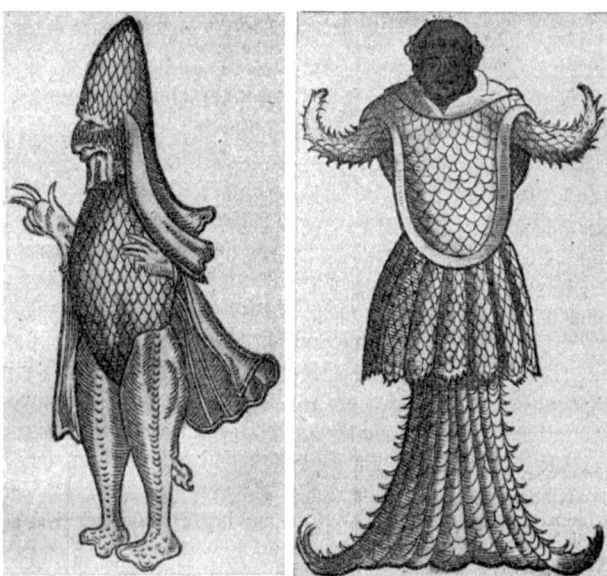

Zwei lustige Figuren aus der Zeit lebhafter Volkssagen über unheimliche Meertiere im *16. Jahrhundert*, links ein sog. *Meerbischof*, rechts ein sog. *Meermönch*, beide Bilder schon damals unter starkem Vorbehalt ihrer wirklichen Treue mitgeteilt von dem zeitgenössischen Zoologen Rondelet und auch abgedruckt in *Gesners* »Fischbuch«. Der Mönch soll nach heftigem Sturm in Norwegen gestrandet, der Bischof an der damaligen polnischen Ostseeküste 1531 erschienen sein. Nicht uninteressant ist dabei aber, dass mindestens in dem Mönch noch ziemlich deutlich die Gestalt eines großen *Tintenfischs (Kraken)* steckt, wenn man den Menschenkopf streicht und das Bild umdreht, wobei die vermeintlichen Falten des Unterkleides sowie die Armstummel zu den tatsächlich kürzeren und längeren Armen des Tintenfischs werden. Auch bei dem Meerbischof dürfte irgendein fantastisch umstilisiertes, echtes Seetier zugrunde liegen.

Stellen wir ruhig und ohne Rücksicht auf die faulen Witze auch hier die »zoologische Diagnose« wie oben beim Landdrachen.

Prinzipiell muss auf jeden Fall gelten, dass in Schiffersagen von höchst seltsamen, ungeheuren und sogar für kleine Fahrzeuge gefährlichen Meertieren ohne vorläufige zoologische Einstellung ein zoologischer Kern stecken *kann*. Das hat die ungemein lehrreiche Geschichte vom »*Kraken*« erwiesen.

Die Mär vom »Kraken«, wie das nordische Wort diesmal lautet, läuft der von der Seeschlange auffallend parallel, ohne doch mit ihr verwechselbar zu sein. Auch sie hat schon uralte Mythenzüge, wie sie wohl schon in der lernäischen Hydra der Griechen steckt, auch sie lokalisiert sich dann besonders stark in Skandinavien und beschäftigt dort den gleichen Olaus Magnus und den gelehrten Bischof Pontoppidan. Auch der Kraken, riesig fast wie eine Insel auftauchend, greift die kleinen, alten Segelschiffe der sich wieder belebenden Ozeanfahrt an und holt sich Menschen von Bord herunter, wobei er sich statt des langen Schlangenhalses aber grässlicher Kopfarme mit Saugnäpfen bedient, von denen, wenn man einen abhackt, immer neue herauflangen. Auch er hat noch bis ins 19. Jahrhundert seine Kronzeugen, bis er dann ebenso plötzlich für ein Seegespenst und »einen lachbaren Unsinn« erklärt wird, von dem zu reden schon zoologische Lästerung sei. Dann aber, mit der Mitte des Jahrhunderts, beginnt für ihn die eigene, die unwiderlegliche Auferstehung. Was eigentlich ein Kinderspiel schon aus all den alten Bildern und Schilderungen zu ersehen war – was selbst in gewissen verrücktesten Holzschnitten der Gesnerzeit unter der Maske von »Meermönchen« noch greifbar genug anklang, – das wurde plötzlich jetzt schlichtes, wie selbstverständliches Ereignis: dass im »Kraken« nichts anderes steckte als ein tatsächlich vorhandenes Geschlecht ungeheurer *Tintenfische*. Heute bewahren wir, wenn auch hier nicht ganze Exemplare, so doch die gewaltigen Teile solcher in unseren Museen. Die legendären Größenverhältnisse brauchten keineswegs viel davor zurückzugehen: Man kennt Kolosse von 20 m Länge (also bald Brontosaurusmaßen), hat Spuren an Walfischen, wenn dieser andere Koloss mit ihnen gekämpft hatte und ebenfalls von ihren Saugnäpfen bedroht worden war; weiß (obwohl das noch immer aus äußerst seltener direkter Schau) von ihrem schaurigen Anblick im Leben: ziegelroter Farbe mit ungeheuren starr-grünen Augen. Solches Auge des Riesentintenfisches ist das größte natürliche Sehorgan der Erde: mit allein bald einem halben Meter Durchmesser. Strenge lateinische Namen sind ebenfalls längst verliehen und man rechnet die Tiere meist zur Gattung Architeuthis.

Ich meine, dass man durch diesen Parallelfall doch recht vorsichtig werden sollte. Was aber für eine »Wirklichkeit« könnte dann auch in der Seeschlange stecken?

Man hat, durch einen einzigen Fall verführt, eine Weile geglaubt, es verberge sich hinter dem zuzugebenden Anblick doch kein Tier, sondern eine vom Sturm irgendwo losgerissene und in Schlängelbewegungen frei dahintreibende, große Seepflanze. Solche Algen (Macrocystis) können in der Tat an 200 m lang werden und ein Kapitän hat also gelegentlich eine wahre Begegnung beschrieben, bei der die Wurzelkrallen den Kopf und der Tangfaden den ungeheuren Leib einer Seeschlange verführerisch vortäuschten. Immerhin eben doch nur die Gleichartigkeit eines Ausnahmezufalls, die gegenüber den bestimmten Tierbeschreibungen der Jahrhunderte nichts beweisen kann. Es sind schon Wracks als Walfische und im Krieg ein Walfisch als U-Boot beschossen worden; trotzdem gibt es sowohl Walfische wie U-Boote weiter. Und ähnlich fallen »Erklärungen« aus reihenweise schwimmenden Delfinen und was dieser »Hausmittelchen« des sog. gesunden Menschenverstandes mehr sind, ab. Man wird, wenn man das Erlebnis selbst zugibt, immer wieder auf ein rätselhaftes Einzeltier zurückkommen müssen, wenn auch unter kluger Vereinfachung des auch hier nur aus Windungen roh geschätzten Größenmaßes. Ein schlangenhaftes Großtier mit vier kurzen Paddeln, die bei oberflächlicher Schau leicht übersehen werden.

Ein neuerer Bearbeiter des ganzen einschlägigen Materials hat denn auch mindestens auf eine noch unbekannte, gewaltige *Robbe* raten zu müssen geglaubt. Aber ich sehe auch keine rechte Robbenform, es bleibt auch hier immer der Einschlag des Reptilischen.

Dagegen sprach ich vorhin einmal von dem hübschen Märchen Jules Vernes mit der Riesenhöhle unter dem Meeresboden voller Ichthyosaurier. Unsere wirkliche Höhlenforschung (die immerhin bei der nordamerikanischen Mammuthöhle 200 km Ausdehnung feststellen durfte) hat allerdings von Tierwelt dort stets nur harmlose blinde Fischchen, Olme und Gliedertiere gefunden. Aber wir wissen jetzt, dass die *Tiefsee*, die unterhalb der ersten 400 m beginnt, selber nichts viel anderes als eine ungeheure Wasserhöhle darstellt, viele Tausende von Metern oft noch für ihr Teil hinab und jenseits jener Grenze ebenfalls in ewige, stygische Nacht getaucht. Und hier hat uns die emsige, neuere Tiefseeforschung bereits eine sehr vielfältige und zum Teil auch überraschend bizarre Tiergestaltung kennen gelehrt. Besonders Fische haben sich gewissen Räumen dieses finsteren und allmählich unter immer höherem Druck stehenden Tartarus wunderbar mit den kühnsten Sonderapparaten angepasst.

Ob es sich bei der Seeschlange einfach um einen ungeheuren *Tiefseefisch* solcher Art handeln könnte? Der viel zu groß wäre, als dass bisher eines unserer schwachen Tiefennetze seiner hätte habhaft werden können? Der spiegelglatt und kohlschwarz wäre, wie die meisten da unten? Vielleicht mit bunten Leuchtorganen am Kopf (auch solches Leuchten kommt in den Schilderungen der Seeschlange vor) oder doch mit dem roten Lichtreflektieren im Auge, das bei frisch heraufgeholten Krebsen stets das Staunen der Tiefseeforscher weckte? Der (gleich anderen Tiefseelern der ersten Dunkelschicht) vielleicht nur ab und zu nachts auch die Oberfläche selbst besuchte, am Tage dort aber immer nur ein verirrter Fremdling wäre, den irgendein besonderes Ereignis herauf verscheucht? (In einer neueren Beschreibung tauchte die Seeschlange inmitten der Wassertrübung einer untermeerischen Katastrophe plötzlich auf.)

Doch die vier Paddeln würden ja auch nicht für einen solchen Fisch sprechen. Ob diese unermessliche, seit dem Mittelalter der Erdgeschichte bestehende und trotz aller Mühe doch noch so wenig erschöpfend durchforschte »Höhle« der Tiefsee wirklich auch in jenem Sinne des geistvollen, alten Plauderers noch – *Urweltliches* erhalten haben könnte?

Gleich die ersten Schleppnetzzüge holten ihrer Zeit von da unten die herrlichsten, vorweltlich anmutenden Seelilien herauf. Eine Weile glaubte man geradezu noch in das Jura- und Kreidemeer einzutauchen. Ganz hat sich das zwar nicht bewährt, aber es blieben doch mehrfach Vorzeitler auch bei Krebsen und Seeigeln aus jener geologischen Mittelzeit. Ob also auch einer der großen meerbeherrschenden Saurier bei dem »großen Sterben« hier in der Tiefe ein Asyl gesucht und gefunden hätte? Vielleicht auch in raffinierter Atmungsanpassung ähnlich jenen echten Seeschlangen oder gewissen Schildkröten (Trionychiden), die mithilfe kiemenartiger Rachenatmung bis 15 Stunden unter Wasser bleiben können? Das meiste eben von solchem riesigen Tiefseefisch Angedeutete könnte ja auch hier gelten. Es brauchte auch bei ihm noch keine Anpassung wirklich großer Tiefen zu sein. Etwas Dämmerzone hätte vielleicht schon genügt, um irgendeiner Gefahr der neueren Zeitwende zu entziehen. Wobei gerade das Asyl in diesem Falle bei einem Meeresbewohner leicht die Statur selbst noch hätte steigern können. An welches reptilische Ungeheuer als Modell aber möchte man diesmal denken?

Doch wohl am ehesten an einen jener *Mosasaurier*, die noch spät in der Kreide blühten, alle Ozeane in Längen weit über das größte heutige Riesenschlangenmaß durchschwommen – durchpaddelten, darf man jetzt geradezu sagen. Denn von den echten Eidechsen, etwa der auf dem Lande heute noch gedeihenden Waran-Gruppe, ausgegangen, hatten sie sich zwar mit ihren bis hundertdreißig Wirbeln dem Extrem einer richtigen Wasserriesenschlange genähert, konnten auch ihr Maul aufreißen um die Wette mit solcher Schlange, waren aber in der Vierbeinigkeit der alten Eidechse treu geblieben. Nur dass im Wasser eben auch diese Beine reine Ruderpaddeln an kürzestem Stiel wurden. Die verwegensten Sachen würden auch sonst bei unserer »Seeschlange« auf solches noch erhaltene »Relikt« eines nur äußerst selten sich bei Tage oben sichtbar machenden Tiefsee-Mosasauriers passen: so der mähnenhafte Kamm und die fischhafte Schwanzflosse.

Kein Zweifel wieder: Es liegt etwas direkt Verführerisches auch in dieser Vermutung. Natürlich noch kein zwingender Beweis, selbst das Dasein eines schlangenhaften Riesenseetiers objektiv zugegeben – so wenig wie von Steins Landungetüm nun notwendig gerade ein Brontosaurus sein muss. Ich sage nochmals: Es bedarf nur des ersten Schritts. Und der Rest muss Abwarten sein, aber (auch das nochmals) auf jeden Fall eine Aufgabe und keine Lächerlichkeit. Wobei ich zum Schluss auch betonen möchte, dass z.B. der chinesische Drache sehr starke Züge jetzt wieder einer solchen mosasaurischen Gestalt weisen würde, wozu passte, dass der Drache dort in der Überlieferung so stark Wassertier ist.

Der chinesische Drache als Ornamentfigur auf einer chinesischen Fahne (Museum für Länder- und Völkerkunde – Lindenmuseum – in Stuttgart). Ein drachenhaftes Wesen spielt in Sage, Symbolik, Medizin und Kunst auch der Chinesen seit alters eine ungeheure Rolle. Es wird bald als Wassertier, bald als geflügeltes Luftgeschöpf, das den wohltätigen Regen bringt, gedacht und gefeiert und im Kunstornament wechselnder Richtungen sehr verschieden, doch durchweg mit Füßen, dargestellt.

Wem aber selbst dieser Gedanke noch zu kühn wäre, der könnte an einen fünften und nüchternsten Ausweg denken.

Fossile Tierknochen des heimischen Bodens werden stets darauf gedeutet.

Es klingt fast trivial, dass Mensch und Saurier schließlich doch auch so zusammengekommen seien, dass wir ihre Skelette wieder zusammengesetzt und wenigstens in der wissenschaftlichen Fantasie neu zu beleben versucht haben.

Wie wir sahen, ist diese Weisheit kaum mehr als hundert Jahre alt. Seither mag auch einmal ein moderner Drachenmaler den Pterodaktylus aus Zittels Handbuch kopiert haben, wie denn eine findige und mit dem neuen Geiste gehende Theaterintendanz gelegentlich von mir ein Bild des Stegosaurus für einen neuen Wagnerlindwurm anforderte. Aber die vieltausendjährige Drachensage kann doch nicht auf unsere Wiederherstellungen gehen.

Es ist immerhin auch von hier ein Anhalt gesucht worden und gerade bedeutende Paläntologen sind ihm von je geneigt gewesen.

Gewiss, unsere Wissenschaft von diesen Dingen ist neu. Aber vorweltliche Knochen sind auch in alten und ältesten Tagen selber immer schon gelegentlich einmal ans Licht gekommen, haben Aufmerksamkeit und Staunen geweckt. Man bezog sie vielfach auf ehemalige, menschliche Riesen – warum nicht des Öfteren auch auf schreckhafte Untiere? Warum sollte also nicht, wenn das Leben versagte, doch dieser Kirchhof wie später die Wissenschaft, so bereits Jahrtausende früher auch die Sage unabhängig erzeugt haben? Dabei konnten aber auch Saurierknochen sein und sie hätten vielleicht die engeren Züge dort hinüber bedingt …

Durchdenkenswert ist natürlich auch das.

Mancherlei Material ist von Freunden des Gedankens, alten und neuen, aufgefahren worden.

Der Chinese bezeichnet seit alters jeden fossilen Knochen seines (wie wir jetzt wissen) daran ja so reichen Landes als Drachengebein – nebenbei wieder ein Grund für sich, dass er beim Drachen nicht bloß an das kleine, lebende Krokodil seiner Flüsse denkt; da er jeden solchen Fund zugleich als Heilmittel (denn ihm ist der Drache auch wohltätig) in die Apotheke gibt, mag er schon einen erklecklichen Teil unersetzlichen Wissenschaftsstoffs so verpulvert haben – ähnlich wie in Predmost in Mähren ein ungeheures Mammutknochenlager jahrelang für Felddünger verwertet wurde.

Mehrfach hat sich die Drachensage bei uns auf Höhlen lokalisiert, wo der diluviale Lehm grimme Gebissreste des Höhlenbären offenbarte – ein Höhlenbärenschädel dieser Art ist bis auf unsere Zeit in einem Kloster als Drachenkopf bewahrt worden. In Klagenfurt galt als solcher gar ein diluvialer Rhinozerosschädel und auf dem Teil des Lindwurmdenkmals von 1590 hat ihn der zeitgenössische Künstler dort als Modell benutzt.

In Tübingen glaubt man in solchem Drachenbilde aber geradezu auch das Urkrokodil Belodon (Phytosaurus) getroffen, das der schwäbische Keuper noch in Menge an den Tag wirft und wie weit mögen in der Hohenstaufengegend dort auch einzelne Ichthyosaurusfunde schon zurückliegen, lange ehe man ihre wahre Bedeutung erkannte.

Ich will, wie gesagt, den Wert auch dieser Erklärung keineswegs unterschätzen. Aber dass die ganze Drachensage *überhaupt* aus solchen kleinen Ortsfunden des toten Materials entstammen könne, will mir nicht einleuchten.

Ich verstehe nicht, wie Höhlenbären- oder Rhinozerosfunde ursprünglich auf ein ungeheures, reptilhaftes Schuppentier mit Krokodilkopf und häutigen Flügeln hätten führen können – verstehe dagegen wohl das Umgekehrte: dass von einer in anatomischen Kenntnissen noch schwachen

Zeit beliebige solche Säugetierknochen oder -zähne auf das schon *vorhandene* Sagenbild bezogen wurden.

Hineingespielt werden solche Funde natürlich vielfach haben, sie werden Lokalisierung der Sage begünstigt und Künstler, die ein Modell brauchten, beeinflusst haben. Aber zu alledem musste die »lebendige« Sage als solche schon da sein. Durchaus stimme ich hier Dacqué bei, dass die Sage von *Lebensgestalten* ausgeht und niemals Kirchhofsgut ursprünglich aneinander stückelt.

In Klagenfurt selber war nach Puschnigs verdienstvoller Angabe die Drachensage erweislich sehr viel älter als der Fund jenes Rhinozeroskopfs, der den späteren Künstler angeregt hat.

Wenn der Chinese seinen Drachen ohne Untersuchung in jeden ehrwürdigen Knochen hineinsieht, so muss auch er eben schon die Drachenidee fertig im Kopf haben, wie der gläubige Buddhist seinen Heiligen hat, wenn er kuriöses Steingebild auf Ceylon als dessen riesige Fußspur deutet.

Und das gilt doch wohl auch von den vermuteten, direkten Saurierzügen.

Eine ganz lokale Sache wie ein paar unpräparierte, alte Saurierbrocken in dem zufällig daran reichen Schwaben können schwerlich bis nach Babylon oder China gewirkt und die meist winzigen Pterodaktylus- oder Rhamphorhynchus-Schattenbildchen des Solnhofener Steins, selbst wenn sie beim frühesten Abbau durch die Römer schon beachtet worden wären, nicht die Hautflügel des weltweiten Drachentyps erzeugt haben.

Im Museum heute sehen ja alle diese Funde, sauber aufmontiert und in Reihen zusammengestellt, fabelhaft anschaulich aus; aber wie weit wäre der Weg gewesen, wenn nicht die Sage schon ein Grundmodell hinzugetragen hätte; hatte doch die alte Naivität vielfach noch gefragt, ob Versteinerungen überhaupt je Fleisch und Blut gehabt hätten und nicht bloß Naturspiele, im Mineral selber entstanden wie eine Kristallbildung, darstellten.

Also ans eigentliche Ziel kann, scheint mir, auch dieser Weg nicht führen, so interessant er für einzelne Bezüge zweiter Hand sein mag.

Ich versuche noch ein letztes als Sechstes, um den Leser immerhin mit einer wenigstens »lebendigen« Deutung zu entlassen, so wenig natürlich auch sie völlige Gewähr bieten kann.

Es wird vielleicht aufgefallen sein, dass in der ganzen Darstellung bisher *eine* Sauriergruppe nur einmal nebenher anklang: nämlich die der echten *Eidechsen*.

Dabei hat doch auch sie gerade die Eigenschaft recht urweltlichen Alters, möglicherweise bis zur altafrikanischen Trias zurück. Und ebenso nachhaltig die der Überwindung jenes »großen Sterbens« in unverwüstlicher Jugendkraft, maßen sie heute noch in mindestens 20 Familien mit weit über 2000 Arten in allen nur halbwegs wohnlichen Zonen der Erde frech, bunt und vielgestaltig gedeiht. Die ganze Tertiärzeit, wo es keinen Plesio- oder Dinosaurier mehr gab, hat sie flott erfüllt, sogar bei den zeitweise dort herrschenden, wärmeren Allgemeinverhältnissen entsprechend mit vermehrter Wucht.

Nun ist aber nicht nur mir, sondern auch anderen seit längerer Zeit gerade bei diesen echten Eidechsen etwas ganz Besonderes aufgefallen.

Sie machen den Eindruck, als wenn sie fast die gesamte ungeheure und oft so bizarre Gestaltungskraft der verloren gegangenen, alten Saurier, insbesondere der Dinosaurier, noch einmal für sich beschlagnahmt und ausgelebt hätten – allerdings durchweg in sehr viel *kleinerem* Maßstabe. Gleichsam mehr oder minder als eine Miniaturschöpfung, die nochmals und nachträglich dem Riesenspiel der Alten in lustigem Maskenball wie scherzend parallel lief.

Da sehen wir besonders bei vielen tropischen Arten alles Tollste von damals an molchhaft hohen, zackigen und gesteiften, manchmal an Indianerputz erinnernden Hautkämmen, an Helmen, Kehlsäcken, Judasbärten, Dornschwänzen, Tannzapfenpanzern, Nasenhörnern und Kopfstacheln bis zur schier unmöglichen, äußeren Umrissbizarrheit wiederholt.

Gewisse Chamäleonarten starren von scheinbar feindlich aufgepflanzten Schnauzenbajonetten, wie nur das verwegenste Horndrachenvolk der Kreide selbst. Bald wächst ihnen solches Bajonett mit knöcherner Einlage einzeln von der Nase in die Weite vor, bald verdoppelt es sich zu zwei dreikantigen Spitzkolben, die wieder halb zur zweizinkigen Gabel oder ganz zum riesigen Schnauzenschwert verschmelzen können. Oder sie dräuen mit drei parallel nach vorne gerichteten Hörnern – eines auf der Nase, zwei über den Augen – jetzt täuschend der alte Triceratops jener Horndrachen im Kleinen. Noch wieder andere führen Hinterhauptslappen, die beim erregten Tier ohrenartig abstehen.

Der sog. Moloch Australiens ist umgekehrt bedornt am ganzen sichtbaren Leibe, gleich einem Polacanthussaurier jener Heroenzeit.

Die Kragenechse ebendort läuft mit frei erhobenem Schwanz und schlaffen Vorderbeinchen bis 40 Fuß weit auf den langen Hinterbeinen wie ein putzig winziger Megalosaurus dahin und treibt gereizt dabei einen Halskragen, der von strahlig gestellten Knorpeln gestützt wird, auf, der nun seinerseits eine maskenhaft leichte Nachahmung des schweren Knochenschirms der Hornsaurier zu bilden scheint. Ein solches Laufen auf den Hinterbeinen wird gelegentlich auch von den meterlangen, amerikanischen Tejus berichtet.

Wohl wahrt das alles zumeist einen wirklichen Zug zum Spiel.

Die Dolche und Hörner dieser Chamäleons stoßen und stechen nicht mehr, sondern scheinen reiner Geschlechtsschmuck geworden, der Moloch bildet keine echte böse Distel, an der man sich verletzen könnte; im Schirm der Kragenechse fehlt die wirkliche steinerne Wehr, die dem alten Drachen als Bastei gegen andere anspringende Riesen um den Nacken hing.

Aber man braucht sich solche Klein-Eidechsen nur entsprechend groß zu denken und die ganze Saurierheldenzeit schiene erneut anzurücken. Die Meisterhand Richard Müllers hat gelegentlich den Kampf eines nackten Menschenpaars mit einem solchen fingiert riesigen Chamäleon dargestellt (in Wahrheit ist es der friedlichste Geselle für uns) – man kann nicht leicht etwas Grausigeres sehen.

Entsprechend schauten wir dann aber auch den Sagendrachen in seiner furchtbarsten Gestalt belebt. Noch starrt auch den kleinsten dieser Eidechsen durchweg das Maul von Zähnen, die Mehrzahl ist noch immer wilder Fleischfresser – gib die Statur, und der Drache stürmt dir zu.

Gerade hier aber fügt sich jetzt auch noch etwas ganz Apartes in das Bild.

Es lebt ein Geschlecht solcher Eidechsen, das noch heute geschickt zu – *fliegen* versteht.

Kleine, wie blaue und gelbe Edelsteine in den herrlichsten Farben aufblitzende Geschöpfchen auch das, die aber in und zwischen ihren Wohnbäumen der insulindisch-australischen Tropen bis 23 m weite Flüge ausführen, wobei sie Hindernissen auszuweichen und ihr fernes Ziel mit Sicherheit zu erreichen verstehen. Beobachter wissen nicht genug zu erzählen, wie sie so gleich herrlichen Schmetterlingen oder Orchideenblüten anschweben. Ihre Heimat ist Flugland ersten Ranges, dort fliegen neben echten Flugfüchsen (Fledermäusen) der Flattermaki und die Flugbeutler, schwebt auf seinen sonst überflüssigen Schwimmhäuten der ebenfalls baumbewohnende Flugfrosch (Rhacophorus), ja kommt eine Schlange, die Goldschlange (Chrysopelea), auf der Hohlkehle ihres Bauches wie ein fliegender Pfeil schräg durch die freie Luft von ihrem Ast heruntergeschossen. Unser schmetterlingsbuntes Eidechslein aber fliegt ganz besonders sinnreich auf einem in der Ruhe zusammenklappbaren, häutigen Fallschirm, der jederseits von den sog. falschen (frei endenden) Rippen wie mit den Fischbeinen eines Regenschirms gesteift wird, ohne dass die Gliedmaßen selbst davon irgendwie in Anspruch genommen würden. Harmloser Insektenjäger, hat der flinke Geselle doch besten Vorteil auch von seinem Flug, der ihn solches fliegende Insekt selber in der Luft erhaschen lässt.

Unwillkürlich schweift unser Gedanke aber bei diesem Apparat zu Gesners und Kirchers Drachenbildern zurück.

Es ist an sich durchaus nicht unmöglich, dass jene kleinen, getrockneten Flugdrächelchen, die Cardanus zu Paris sah, bereits solche vielleicht etwas verstümmelten Sunda-Eidechschen waren, die der neue rege Handel der Zeit von dort herübergebracht hatte in der gleichen Weise, wie dem Cardanus auch bereits der Balg eines Paradiesvogels von den Grenzen Neuguineas zu Händen kam.

Jedenfalls hat später Linné unser Kerlchen gekannt und, in halb humoristischer, halb resignierter Erinnerung an den damals gerade wissenschaftlich ganz versinkenden Sagendrachen, *Dracovolans*, also den »fliegenden Drachen« getauft – der Name, den es heute noch systematisch führt.

Aber dächten wir uns auch dieses »Drächelchen« (denn so hätte Meister Linné es besser bezeichnen sollen) dinosaurierhaft groß in den Maßen eines Hornsauriers etwa – es wäre kein Pterodaktylus mit Flugfingerhand, sondern führte ganz etwa wie der »Rhodische Drache« bei Kircher gesteifte, häutige Seitenflügel ohne Bezug zu den vier Gliedmaßen.

Sehr denkbar, dass auch sie wenigstens bei so groß gedachtem und entsprechend schwerem Tier nicht mehr wirklich durch die Luft tragen würden, sondern bloß noch schwirrend den schnellen Lauf wie bei einem am Boden gleitenden Fluginsekt unterstützen könnten, sodass der Unhold pfeilschnell ankäme – genau wie es Kircher beschreibt …

Aber solche *großen* Eidechsen, die saurierhafte Sagendrachen für die erwachende Menschheit hätten spielen können, hat's doch nie wirklich gegeben! Dieser Maskenball der Epigonen versank eben in seinem ewigen Liliputertum, nachdem die Heldenzeit des Reptilstammes vorbei.

Gemach! Wir wollen auch da noch einen Augenblick überlegen.

Die meisten jener Wundertypen vom Echsenvolk konzentrieren sich heute gegen die nahen zusammengehörigen Familien der sog. *Agamen* und der *Leguane* – so Molch, Flugdrache, Kragenechse, Helmbasilisk u.a.

Dabei wird aber der echte Leguan in größter Art immerhin noch ungefähr menschengroß: bis nicht ganz 2 m und stellt auch etwa als reichlich fantastischer, gehörnter Nashornleguan in Gebiss und Stachelschwanz solchem Menschen durchaus keinen zu verachtenden Gegner gegenüber, wenn es gilt, – doppelt unheimlich, wo der Typ auch noch gelegentlich, wie in Mexiko, satansschwarz ist. In der Lebensweise stehen neben Landformen auch ausgesprochene Formen des Wassers – ja der wunderbare, in der ganzen heutigen Schöpfung einzigartige Amblyrhynchus-Leguan der einsamen, äquatorialen Galapagosinseln haust sogar gewohnheitsmäßig an der Brandungszone des Meeres und frisst Tang, während jener Nashorn-Leguan je nach Gelegenheit Vegetarier oder Fleischfreund ist, der selbst starke Hühner zerreißt. Heute überwiegend Tropenamerikaner (gegen die Agamen als Altweltler) haben in der

84

warmen Tertiärzeit gerade Leguane sich auch in Menge in Europa (bis nach Schwaben) gezeigt.

Ob es denkbar wäre, dass doch in dieser langen und ihnen lange so günstigen warmen Tertiärzeit auch die echten Eidechsen noch einmal einen auch darüber hinausgehenden Größenanlauf für ihr Teil unternommen und einigermaßen drachenhafte *Riesenagamen* oder *Riesenleguane* erzeugt hätten, denen der Mensch noch begegnet wäre? Ein unmittelbarer Skelettanhalt dafür ist allerdings bisher nicht erbracht worden.

Wohl aber macht sich hier etwas geltend für solchen Größenwuchs auch der nachurweltlichen Eidechsen überhaupt.

Es gibt nämlich eine andere, ebenfalls nicht allzu fern verwandte Eidechsenfamilie, in der Gestalt nicht ganz so extravagant, die doch auch heute noch den Größenrekord dieser Eidechsen wahrt, und zwar als solchen eine denn doch sehr achtenswerte Größe.

Es sind das die sog. *Warane* (Varanidae).

Die Eidechsenfamilie der Warane (der Name, vom arabischen Ouaran für Eidechse allgemein, ist ohne Bezug zu unserem Wort Warnen) stellt anatomisch wie geistig die höchste Spitze der ganzen Eidechsenentwicklung dar.

34 Arten leben heute noch, alle jetzt altweltlich asiatisch, afrikanisch und stark auch australisch, während Fossilreste aus dem Tertiär ebenso in Nordamerika und Europa liegen.

In der Kreide verknüpften sie sich durch die sog. Aigialosauriden mit jenen seeschlangenhaften Mosasauriern.

Je nach der Art nehmen sie mit der trockensten arabischen oder transkaspischen Wüste vorlieb oder leben halb im Wasser wie ein Krokodil, führen auch je nachdem gelbbraune Sandfarbe oder das Bunt des feuchten Tropenurwaldes; der australische Buntwaran ist blau und gelb wie ein Papagei.

Manchmal hat ihr Wesen etwas Schlangenhaftes, wohin auch die riesige, hornige Zungengabel weist.

Je nach Größe proben die Warane ihr mächtiges Gebiss und ihre starke Schluckfähigkeit an allerlei Getier (ich selbst habe einen großen Waran der gleich noch zu schildernden Komodo-Art im Zoo ein totes Kaninchen auf einen Ruck mit Haut und Haaren herunterschlucken sehen), sind also durchweg fleischfressende Räuber im eigentlichen Sinne, auch wild und verwegen wie solche, wenn man sie in die Enge treibt.

Ein gereizter Waran springt unter Umständen in meterhohem Satz rücksichtslos den Menschen an und beißt sich Pferden oder Kamelen unter den Bauch. Wobei er bald mit den Zähnen zupackt, bald sich der gewaltigen Muskelkraft seines Schwanzes zu bösen Schlägen bedient.

Eine Schilderung des Wüstenwarans durch Zander gibt von diesem Temperament ein fast grausiges Bild. »Nähert man sich einem ungezähmten Waran, so beginnt er meist mit Erheben des Kopfes und unruhigem Aufblähen und Zusammenziehen der sehr ausdehnbaren Kehle, atmet dann tief ein, bis er tonnenartig aufgebläht ist, wobei es mir scheint, als erhöhe sich die Nackenhaut und bläst dann die Luft unter lautem Zischen aus. Darauf erhebt er die Rippen, sodass er ungemein breit, aber ganz platt wird, hebt die dem Angreifer zugekehrte Seite und legt den Schwanz, ihn nach Möglichkeit krümmend, auf die abgewandte Seite, den Kopf schief legend und dabei einziehend, sodass der Hals eine S-förmige Biegung macht. Darauf erfolgt der Schlag, der merkwürdig gut gezielt zu sein pflegt, sodass etwa die am Boden hinkriechende Schildkröte ebenso sicher getroffen wird, wie die bis 60 cm über den Fußboden gehaltene Hand. Das Tier läuft mit gesenktem Kopf, ziemlich hochbeinig und steif, sehr graden Weges, wenig schaukelnd, den Schwanz (im leichten Bogen nach oben) waagerecht tragend und mit ihm und dem Körper, von oben gesehen, keine wesentliche Schlangenlinie machend.«

Meint man nicht auch hier im Kleinen etwas von dem *babylonischen Drachen* zu sehen?

Dabei ist es aber auch mit dieser »Kleinheit« diesmal so ein Ding.

Der indo-australische Bindenwaran (Varanus salvator) wird (lange als größte Eidechse angesehen) in allerdings außergewöhnlichen Fällen gegen 3 m lang, also fast zweimal ein mäßiger Mensch.

In neuester Zeit erregte es dann Aufsehen, dass auf einem Sundainselchen noch jetzt eine sehr viel gewaltigere Art leben sollte.

Zufällige Besucher der kleinen, holländischen Insel *Komodo*, die sich in der langen, vulkanischen Trümmerlinie östlich von Java zwischen Soembava und Flores schiebt, glaubten schon vor 20 Jahren zu ihrer höchsten Überraschung dort abenteuerliche Landeidechsen bemerkt zu haben, die alle je vermuteten Riesenmaße noch weit zu überbieten schienen – Beweis, was sich an zoologischen Wundern selbst noch an viel befahrener Kolonialstraße offen darbieten könnte, ohne bisher seinen Zoologen gefunden zu haben.

Jenseits 1910 gab dann ein Angestellter der bei Komodo stationierten Perlenfischerflotten, Aldegon, die ersten so sicheren Anhalte, dass sich jetzt solcher Fachzoologe doch einmischen konnte, nämlich der Kustos am Zoologischen Museum zu Buitenzorg (Java), Oberst Ouwens. Er bestimmte 1912 das fragliche Ungeheuer in der Tat auch auf einen Waran, dem er den Namen *Varanus komodoänsis* verlieh. Die einheimische Bezeichnung lautete »Boeja darat«, das ist »Landkrokodil«. Die Größe aber gab Ouwens nach seinem Gewährsmann diesmal auf volle 7 m (!) an, wenn auch ihm selbst im Augenblick noch kein so mächtiges Stück in seinem Museum vorlag.

Man hätte annehmen sollen, dass diese Ziffer sofort das entsprechend kolossalste, wissenschaftliche Aufsehen machen werde. Aber der wenig später ausbrechende Weltkrieg ließ die Entdeckung zunächst noch einmal völlig in den Hintergrund treten.

Erst als 1923 der zoologisch so verdiente Herzog Adolf Friedrich von Mecklenburg eine schöne Haut von allerdings zunächst auch nur 2,40 m Länge fürs Berliner Museum heimbrachte, regte sich das Interesse neu. Es wurde von Berlin eine Expedition geplant, der zwei amerikanische und eine holländische zuvorkamen, und damit begann sich allmählich helleres Licht nun auch in diese seltsamste Angelegenheit hinein zu verbreiten. Zur rechten Zeit.

Denn inzwischen hatten weitere Laiengerüchte und voreilige Zeitungsberichte das Ganze auch bereits aufgegriffen und in ihrer Weise ausgeschlachtet. Der neue Koloss sollte Menschen fressen, Pferden mit seinem Schwanz die Beine zerschmettern, schnell wie ein Automobil sein bei Unverwundbarkeit selbst für das Feuergewehr, ja auf zwei Beinen laufen wie ein wirklicher Dinosaurier. Was dann besonnen auch hier erst wieder etwas heruntergeschraubt werden musste – es blieb aber des Unerwarteten auch für einen Waran immer noch genug.

Ich verdanke Dr. Heinroth, dem hochverdienten Direktor des Berliner Aquariums, einige nunmehr *echte* Angaben in diesem Sinne, die ich noch aus Zusammenstellungen von Walter Bernhard Sachs und Professor Einar Lönnberg (Stockholm) ergänze. Für die Bildaufnahme nach der Natur bin ich Seitz (ebenfalls vom Aquarium in Berlin) verbunden.

Der *Komodo-Waran* lebt außer auf Komodo selbst auf dem dicht benachbarten kleinen Rietja und noch einem

Teil von Flores. Komodo ist jenseits eines Küstenwaldes im Innern felsig und zerklüftet und in dieser Vulkanöde hausen die Tiere noch in großer Zahl.

Die Insel ist seit langer Zeit Deportationsort für politische Sträflinge.

Der riesige *Komodo-Waran* (Varanus komodoensis), die größte lebende Eidechsenart der Erde, 1912 zum ersten Mal beschrieben von der kleinen Insel Komodo östlich von Java. Das Tier hat auch bei mäßiger Schätzung erwachsen mehr als die doppelte Länge eines großen Menschen und besitzt ein gewaltiges Fleischfressergebiss (Aufnahme nach dem Leben, mit gütiger Erlaubnis der Leitung des Aquariums im Berliner Zoologischen Garten veröffentlicht).

Man fragt sich, wovon ein so großes, fleischfressendes Geschöpf sich dort regelmäßig ernährt. Hühner rauben die Rieseneidechsen jedenfalls sogleich fort, werden auch leicht in Bambuskäfigen mit solchem Hühnerköder gefangen. Nach anderen, durchaus einstimmigen Berichten, die Lönnberg anführt, fraßen sie aber auch die Kadaver bei Jagden frisch geschossener Hirsche und Wildschweine, wie sie auf der Insel häufig sind, jedes Mal gierig auf, wobei sie mit »ihren sichelförmigen, scharfen Zähnen« große Stücke ergriffen und losrissen, »indem sie ihre Füße anstemmten und wiederholt kräftig ruckweise zogen. Die größten Männchen können in dieser Weise eine ganze Hirschkeule losreißen und verschlucken«.

Das Geruchsvermögen scheint weit besser ausgebildet als das Gehör.

Dem Menschen gegenüber sollen sie nicht scheu sein, aber auch nicht ohne Weiteres bei harmloser Begegnung angreifen. Ein Exemplar im Berliner Aquarium von nur zwei Meter Länge, das man mit Fleisch, ganzen kleinen Kaninchen, Ratten, Eiern füttert, ist bald völlig zahm geworden. (Man findet das ja oft bei unbehelligten Inseltieren.)

Es sind nämlich sogleich ein paar lebende Exemplare auch an Zoologische Gärten abgegeben worden, während der Rest glücklicherweise unter Naturschutz gestellt ist.

Im Übrigen leben sie ausschließlich auf dem Lande. Nachts sollen sie sich in selbstgegrabene Höhlen zurückziehen.

Im Bau ist das Tier sehr viel kräftiger und untersetzter als der Bindenwaran, die Schnauze stumpfer, die Färbung ziemlich einheitlich dunkelbraun bis schwarz. Die Zunge, wenn sie aus dem bösen Gehege der Zähne vorkommt, gelbweiß. (Mir ist gelegentlich aufgefallen, dass solche geschnellte Zunge großer Eidechsen, wo sie rot ist, geradezu auffällig an die Feuerflamme erinnert, die die Sage aus dem Schlunde des Drachen fahren lässt·) An den dicken Zehen dräuen unheimlich große Krallen.

Nach all den wilden Gerüchten scheint die wahre Gesamtlänge ja nun immerhin strittig zu sein.

Gar kein Zweifel, dass sie auch über den größten bisher bekannten Bindenwaran noch weit hinausgeht – wobei überall ins Gewicht fällt, dass bei diesem der lange Schwanz hauptsächlich die Länge bestimmt, während beim

Komodotier dieser Schwanz sehr viel kürzer und dafür der eigentliche Kerl, an dem er sitzt, umso robuster ist. Das anfängliche erregende Siebenmetermaß hat sich aber bisher auch an dem weiteren lebenden wie toten Material in echter Zoologenhand nicht bestätigen wollen.

Im Berliner Museum für Naturkunde befindet sich jetzt ein zweites, geschickt aufmontiertes Exemplar von 2,60 m Länge; es rührt von dem einen der beiden durch den Resident-Assistenten Rookmaker auf Flores lebend nach Berlin gestifteten Stücke, deren größeres leider auf dem Transsport einging. Das Frankfurter Senckenbergmuseum hat eine etwas defekte Haut von mindestens 3,25 m erhalten. Nach amerikanischen Ausbeuten will Wolterstorff die heute *gesicherte* Größe vorsichtig mit 3,65 m abgrenzen, worüber eine gemäßigte Vermutung immerhin bis 4 m schweifen könnte.

Andererseits teile ich aber völlig Sachs' Meinung, dass dem noch immer die bestimmte Aussage von Ouwens erstem Gewährsmann entgegensteht, der seiner Zeit (vor jetzt schon wieder vielen Jahren) Riesenexemplare von 6–7 m sicher erlegt haben will und nach dem diese wahren Kolosse sich eben wegen der häufigeren Beunruhigung seither in die schwer zugänglichen Gebirgsgebiete zurückgezogen hätten. Gerade diese ersten Aldegonschen Mitteilungen haben sich sonst (für Lebensart u.a.) sämtlich an den später eingebrachten lebenden Stücken nur bestätigen können. Man wird auch an die alte Jägererfahrung denken müssen, dass nachkommende Besucher auf so engem Fleck oft schon nur noch eine Auslese des schlechteren und jüngeren Materials vorfinden.

Schließlich bleiben aber auch nur 4 m eine imponierende Sache, wenn man bedenkt, dass es die volle Länge eines größten indischen Nashorns ist und sich jene oben geschilderte Angriffsart eines solchen großen Waran in der höchsten Erregung vergegenwärtigt. Man muss sich auch dazu das unheimliche Tier sehr dick und mit dem breiten Hechtkopf auf hohen vier Beinen mit vom Boden abgehobenem Körper vorstellen – in seiner Wildnis natürlich ganz anders keck beweglich als bei überfütterten Gefangenschaftsstücken.

Die Zahnbewaffnung wird von Lönnberg als geradezu »fürchterlich« beschrieben. Sie ist mehr als doppelt so stark als bei dem bisher größten Bindenwaran. »Die längsten Zähne in der Mitte des Oberkiefers ragen etwa 15 mm über den Kieferrand.« »Die Zähne sind mit ihrer Spitze nach hinten etwas gekrümmt und enden sehr scharf.« »Die größte Dicke ist vorne an der Basis, und der Zahnkörper wird nach hinten dünner, sodass die Hinterseite eine scharfe und außerdem feingesägte schneidende Klinge bildet«, die sich am Vorderrand wiederholt. »Man muss also gestehen, dass die Zähne sich ganz vorzüglich zum Zerfleischen eignen. In Betreff ihrer Gestaltung sind sie gleichzeitig nach dem Prinzip eines T-Balkens gebaut, wodurch sie eine vergrößerte Zugfestigkeit bekommen und also für Festhalten der Beute sich gut eignen.« Ein Prinzip, das einzelne der alten Riesendinosaurier bis zum Extrem getrieben hatten, ist auch hier wenigstens angedeutet, indem »für jeden fertigen Zahn mehr als ein Ersatzzahn in Bildung begriffen ist«, die bei gelegentlicher Beschädigung die Lücke sofort wieder füllen. Alles in allem kommt auch so schon kein übler »Drache« heraus.

Nun ist aber unsere Kenntnis *früherer* Warangrößen tatsächlich auch damit noch nicht erschöpft.

Ich sagte, dass es Warane im warmen Alttertiär (in der Zeit, da tropische Fächerpalmen bis zu uns gediehen) auch nach Europa hinein gegeben hat (Varanus Cayluxi in den sog. Phosphoriten von Quercy in Südfrankreich ist eine große europäische Form aus dem Oligozän, also einem

noch sehr frühen Abschnitt der sog. Tertiärperiode[2]).
Jener Komodotyp gehört aber enger zu einer Gruppe
ausgestorbener Warane Australiens aus der Diluvialzeit.
Schon bei einem solchen Diluvialwaran dort wurde nach
den erhaltenen Resten auf Großkrokodilstatur geschlos-
sen und es ist bezeichnend, dass auch Mindestansetzung
bei Komodomaß bleiben würde. Aus eben diesem Australien hat man aber schon vor Jahr und Tag einen nächsten
Waranverwandten aus Knochenüberbleibseln bestimmt
(Megalania prisca, Familie der Megalaniden von Queens-
land), der ebenfalls noch in der Diluvialzeit, also parallel
zur nordischen Eiszeit, sich dort herumgetrieben haben
muss und, wenn die Schätzungen richtig sind, sogar volle
10 m lang geworden wäre.

Das wäre also jetzt unzweideutiges Dinosauriermaß
großen Stils, entsprechend etwa den größten Raubsauriern
dort.

Und so nahe noch an unserer Zeit, parallel bereits zu der
hohen Kunstkultur der französischen Höhlenmenschen.

Fast möchte man meinen, das besagte Ungeheuer habe in
seinem Erdteil sogar noch länger ausgedauert, bis ins ganz
neuerlich Geschichtliche gleich den Riesenstraußen des
benachbarten Neuseeland – wenn man an die verbreitete
australische Sage von einer riesigen schwarzen Eidechse des
dortigen Wüsteninnern denkt. Haben wir wirklich bereits
alle Karten in der Hand, dass es nicht gar noch lebt – wie
den armen Leichhardt, den verschollenen, deutschen Märtyrer der Australforschung, einst auf seiner letzten Fahrt der
Traum begleitete, er werde die altaustralischen Riesenbeu-
teltiere von Elefantengröße noch so in ihrer verborgenen
Steppe von Angesicht zu Angesicht sehen?

---

2   Vgl. für diese Zeit meine Kosmosbändchen »Im Bernsteinwald« und
     »Eiszeit und Klimawechsel«.

Wäre es aber wirklich ein *so sehr* kühner Gedanke, solche Riesenwarane hätten sich selber noch in geschichtlichen Zeiten auch in unseren engeren Kulturgegenden herumgetrieben und dort in die Drachensage hinein gewirkt …?

Vielleicht gerade noch lange in vereinzelten »Relikten« auch auf den von der Drachensage bis zuletzt so unverkennbar umworbenen Mittelmeerinseln?

Und sollte der ungeflügelte Drache des babylonischen Istartors etwa gar, wenn die andere Theorie nicht gelten soll, ebenfalls von hier stammen? Von einem solchen angreifenden Riesenwaran, der, wie heute der kleinere Wüstenwaran noch bis zum Jordan geht, bis zum Euphrat und Tigris gekommen wäre und wenigstens noch in der Überlieferung fortlebte, gleich dem wilden Ur auf den Tierbildern jenes weltgeschichtlichen Tors …?

Die Gefährlichkeit gerade solcher wirklichen Kolossalformen, die sich um jeden Preis zu ernähren hatten, liegt auf der Hand. Es hätte auch gehen können wie beim Tiger, der bekanntlich durchaus nicht allgemein angreift, sondern nur individuell und wenn er auf den Geschmack kommt, zum Menschenfresser wird. Vielleicht waren es, wie öfter gerade bei aussterbenden Überbleibselformen, zuletzt nur noch einzelne, ungeheuer alte und besonders große, böse Individuen, die noch eine Weile so in die Zeit hineinragten und ihr verhängnisvolles Wesen trieben, bis auch sie der wachsenden Menschenkultur erlagen.

Die ewig wiederkehrenden Erzählungen von der Höhle, aus der der Drache nächtlich hervorbricht, von seiner unfassbaren Schnelligkeit trotz der Leibesschwere, seinem wilden Blick und rasenden Mut, auch von dem immer wieder täuschend schlangenhaften Wesen, das doch die vier bekrallten Füße Lüge zu strafen scheinen, der Streit über seine Giftigkeit, der scheinbare Widerspruch, dass er an anderen Orten auch aus dem Wasser aufsteigt – nichts könnte besser als zu solchem Woran passen.

Wenn ein solcher Riese sich zischend und keuchend aufblies, wie der Wüstenwaran jener Schilderung, so mochte am Ende selbst der Eindruck eines Flügeltiers entstehen. Wir wissen ja doch nicht, wie eine solche Riesenart (möglicherweise aus einer nur eng verwandten Familie) äußerlich gestaltet gewesen sein könnte; was auch sie für Körperanhängsel geführt haben könnte. Bei den nahen Tejus, die unsere Warane in Südamerika vertreten, kommen bereits doppelte Schuppenkämme vor. Der Gedanke, wenn er diese Waranfährte ins Drachenland verfolgt, kehrt aber unwillkürlich auch zu den Agamen und Leguanen selbst zurück. Nähmen wir die äußere Fantastik eines solchen Leguan- oder Agamenbildes noch hinzu, so wüsste ich kaum noch, welcher Drachenzug der Überlieferung, es sei denn das Feuerspeien, das doch schon Gesner ablehnt, nicht hier anzuknüpfen wäre.

Das spurlose Verschwinden solcher Tier-Ruinen noch in naher Zeit ist eine auch sonst zu deutlich bestätigte Tatsache, um einen vollwertigen Gegenbeweis abzugeben. Gerade in diesem Falle aber besäßen wir ja in der Drachensage selbst sogar noch eine durchaus deutliche Spur.

Sollten jemals im Mittelmeergebiet Knochenreste eines sehr großen, diluvialen Warans gefunden werden, so würde der hier ausgesprochene Gedanke zu einer wissenschaftlichen Vermutung werden müssen.

Schließen wir, wie die schönen Folianten unseres Gesner, so auch das große Zauberbuch der Fantasie hier einstweilen zu.

Wer sich denken wollte, dass der »Drache« doch nur ein *reines* Fantasiegebilde der schaffenden Menschenseele war – und trotzdem zugeben muss, wie nah sie damit schon älteren oder auch neueren Zügen der schaffenden Natur selbst gekommen – – vielleicht ließe sich ihm sagen, dass auch in der kühnsten *Erklärungsfantasie* über diesen Drachen wohl immer wieder Wege liegen könnten, die auch die *Naturfantasie* irgendwo und irgendwie begangen hat.

Schließlich wäre es aber schon ein Gewinn dieser anspruchslosen Betrachtung, wenn sie nur auf dieses ewige Ineinanderspielen von scheinbar freier Menschenfantasie und gesetzlichem Naturgestalten einmal wieder nachhaltig hingewiesen hätte.

Ich denke mir, ich habe vor dem Leser mein Material ausgebreitet – mag er nun wählen oder auch je nach seinem Bedarf bloß heiter darin spazieren gehen.

Erläuterung zu einigen zoologischen und geologischen Namen im Text

Saurier, das Wort bedeutet nur Eidechse, wird aber angewandt auf die *vorweltlichen* Amphibien und Reptilien der verschiedensten Gruppen.

Zeitalter der Saurier, beginnt mit den weit entlegenen Abschnitten der Erdgeschichte, die man als Steinkohlen- und Permzeit bezeichnet, reicht durch das ganze Mittelalter der Erdgeschichte (Trias-, Jura- und Kreidezeit) und endet mit der Grenze der Kreidezeit zur sog. Tertiärzeit. Statt Permzeit, Kreidezeit, Tertiärzeit usw. kann man auch einfach sagen: Perm, Kreide, Tertiär usw.

Vorsaurier, Lurchsaurier, amphibische Stammgruppe der echten reptilischen Saurier. Das Reptil ist durchweg wenigstens ein reiner Lungenatmer im Gegensatz zum Amphibium, das mindestens in der Jugend noch mit Wasserkiemen atmet.

Dinosaurier (Schreckenssaurier), eine Ordnung der reptilischen Saurier, zu der die gewaltigsten Landformen wie Brontosaurus, Iguanodon, Megalosaurus u.a. gehörten.

Raubdinosaurier, meist gebraucht von den großen fleischfressenden Dinosauriern wie Megalosaurus u.a.

Cotylosaurier, eine sehr urtümliche Gruppe der reptilischen Saurier in der Steinkohlen-, Perm- und Triaszeit, zum Teil in Südafrika gefunden.

Flugsaurier (Pterosaurier), Ordnung der reptilischen Saurier, die auf einer vom äußersten Finger zum Körper gespannten Flughaut flogen.

Ceratopsiden, Hornsaurier oder Ochsensaurier, äußerst groteske, vierbeinig laufende Dinosaurier mit riesigen gehörnten

Köpfen, aus der Kreide Nordamerikas. Neuerlich kleine Vorläufer (Protoceratops) in Zentralasien gefunden.

Triceratops, ein dreifach gehörnter Ceratopside.

Pteranodon, zahnloser Riesenflugsaurier der späten Kreide, Hochseeflieger, spannte über 7 m.

Pterodaktylus (Flugfinger), der bekannteste Typ eines fledermausähnlich flatternden Flugsauriers, z.B. aus dem Juraschiefer von Solnhofen in Franken bekannt.

Rhamphorhynchus (Schnabelschnauze), mehr schwalbenhafter Flugsaurier mit Schwanzsteuer.

Brontosaurus (wörtlich Donnerechse), vierfüßig schreitender Dinosaurier aus der Gruppe der Sauropoden dort, eines der größten Landtiere, die je gelebt haben.

Diplodocus, nahe zu Brontosaurus gehöriger Dinosaurier, der mit 24 Inch Länge oder noch mehr wohl den Größenrekord aller je existierenden Landtiere schlug. Vollständige Skelette in Nordamerika.

Brachiosaurus, nahezu Brontosaurus gehöriger riesiger Dinosaurier, wohl mit mehr giraffenhaft hohem Bau, kolossale Reste aus Ostafrika.

Ichthyosaurus (wörtlich »Fischeidechse«; die wörtlichen Übersetzungen dieser Namen ergeben vielfach veralteten oder unzutreffenden Sinn), der berühmte reptilische Meersaurier mit kurzem Hals und Flossen, dessen vollständige Skelette (öfter noch mit dem delfinhaften Körperumriss) in Schwaben in Masse gefunden werden.

Plesiosaurus, die bekannteste Form langhalsiger Meersaurier mit Flossen, die neben dem Ichthyosaurus (doch wohl mehr robbenhaft) lebten.

Elasmosaurus, eine besonders große und langhalsige Form nahe zu Plesiosaurus, aus der oberen Kreide.

Mosasaurus (Maassaurier), Hauptvertreter einer Gruppe eidechsenähnlicher Meersaurier mit schlangenhaftem Leibe, aber vier Paddeln, aus der Kreide.

Mastodonsaurus, bekannteste Form der noch amphibischen Vorsaurier, mit sehr dickem Kopf, aus der Triaszeit.

Pareiasaurus (Wangensaurier), bekanntester Typ der urtümlichsten Gruppe der reptilischen Saurier (Cotylosaurier).

Eunotosaurus, vermutlicher Vorfahr der Schildkröten aus Südafrika.

Compsognathus (Zierkiefer), winziger, känguruhaft springender Raubdinosaurier aus Solnhofen.

Megalosaurus (Großsaurier), riesiger, fleischfressender Dinosaurier, der sich auf den Hinterbeinen bewegte.

Tyrannosaurus, ein anderer kolossaler Raubdinosaurier der obersten Kreide von Nordamerika.

Iguanodon, gewaltiger, pflanzenfressender Dinosaurier, der sich auf den Hinterbeinen bewegte, 29 Skelette aus Bernissart in Belgien.

Trachodon, nahe zu Iguanodon gehöriger, aufrecht sich bewegender Dinosaurier der oberen Kreide von Nordamerika, von dem man Hautabdrücke (Mumien) besitzt.

Corythosaurus, amphibisch lebender Dinosaurier mit hohem Schädelaufsatz, nahe zu Trachodon.

Stegosaurus, vierbeinig schreitender Dinosaurier mit einem ungeheuren Doppelkamm alternierender Knochenplatten und mit Schwanzstacheln.

Polacanthus, nahe zu Stegosaurus, hauptsächlich mit großen knöchernen Stacheln igelartig bewehrt.

Actosaurus, Zwergsaurier aus der Urverwandtschaft der Krokodile, 24 Stück auf einer Platte bei Stuttgart gefunden.

Belodon (oder Phytosaurus), ein krokodilähnlicher Saurier der Triaszeit (Keuperzeit dort), der oft in Württemberg gefunden wird.

Eierfressender Dinosaurier (Oviraptor philoceratops), zahnloser kleiner Eierräuber aus dem Geschlecht der Dinosaurier, der die Eier anderer Saurier fraß und bei solchen von Protoceratops in Zentralasien gefunden wurde.

Aigialosaurier, verknüpften in der Kreide die echten Eidechsen mit den Mosasauriden.

Brückenechse (Hatteria oder Sphenodon), lebend erhaltenes, sehr altertümliches Reptil vom Anfang der großen Saurier- zeit in Neuseeland, – oft als »noch überlebender Saurier« bezeichnet.

Tarsius (Tarsius spectrum), Koboldmaki, noch lebender, klei- ner Halbaffe, der einst dem Stammbaum des Menschen sehr nahe stand. Verwandte im ältesten Tertiär.

Creodontier, Urraubtiere, altertümliche Säugetiere, aus denen sich in der Tertiärzeit die heutigen Raubtiere entwickelt hatten.

Zeuglodon, eine Urform unserer Walfische aus dem älteren Ter- tiär, die noch Übergänge von den Urraubtieren des Landes von damals zu dieser nachträglichen Wiederanpassung von Säugetieren an das Wasser zeigt.

Budorcas, merkwürdige, dem Gnu ähnliche Antilopen (Rinder- gemsen oder Gnuziegen) im gebirgigen Südostasien, erst neuerlich bekannt geworden.

Okapi (Okapia johnstoni), einziger lebender Verwandter der Giraffe, erst 1901 im Kongogebiet entdeckt.

Stellersche Seekuh (Borkentier), riesiges Seesäugetier aus der Ver- wandtschaft der Elefanten, bei Kamtschatka im 18. Jahrhun- dert entdeckt und alsbald ausgerottet.

Riesenalk, großer flugunfähiger Vogel der nördlichen Küsten, seit 1844 völlig ausgerottet, nur Bälge noch in unseren Museen.

Ur (Bos primigenius), großes Wildrind, als solches seit 1627 ausgerottet, nur in zahmen Rinderrassen fortlebend; nicht zu verwechseln mit dem Wisent.

Waldrapp (Geronticus), ein Ibis-Vogel, der zu Gesners Zeiten noch in der Schweiz und sonst in Europa vorkam, heute aber nur noch aus Afrika und Asien lebend bekannt ist.

Tendaguru, berühmte neuere Fundstätte von Dinosaurierkno- chen in Ostafrika.

Golithe, allerälteste (zum Teil noch bestrittene) Steinwerkzeuge des Menschen, angeblich bis ins Tertiär zurückreichend.

Eiszeit, Bezeichnung für gewisse, auffällig feuchtkalte Zeiten, die mehrfach im Verlauf der Erdgeschichte auftraten, um jedes Mal wieder langen, wärmeren Zeiten zu weichen. Eine solche lag in der Permperiode noch in der älteren Saurierzeit selbst, eine andere, uns viel nähere in der Diluvialzeit.

Tertiärzeit, wörtlich das dritte Weltalter, folgte auf die große Saurierzeit jenseits der Kreide, war ausgezeichnet durch großartige Entwicklung der Säugetiere und reichte (in die Abschnitte der Eozän-, Oligozän-, Miozän- und Pliozän-Zeit in sich geteilt) bis zu der uns schon nächsten Diluvialzeit.

Ursäugetiere. Solche lebten in kleiner Gestalt schon während des ganzen Mittelalters der Erdgeschichte neben den Sauriern dort, man nimmt an, dass sie anfangs alle noch Ähnlichkeit mit unseren heute noch lebenden, australischen Schnabeltieren hatten, später unseren Beuteltieren und Insektenfressern (Igel, Spitzmaus) am meisten glichen.